苫米地英人コレクション

05

ドクター苫米地の
新・福音書
禁断の自己改造プログラム

苫米地英人

プロローグ　一生分の後悔に苦しみながら死ぬ、そんな人生を望みますか？

まず、質問です。

「あなたは夜寝ているとき、夢のなかで思い切り後悔することがありませんか？」
「どういうわけか、何となく寝覚めの悪い朝を迎えることがありませんか？」

ほぼ全員、「イエス」だと推察します。頻度の差はあるにしても、誰もが「夜寝ているときに突然、不幸感に襲われる」ような経験をしているはずです。

なぜでしょう？　それは、自分の本意ではない「奴隷の人生」を生きているからです。

私が言う「奴隷の人生」とは、「他人または社会の価値観に基づいて理想を追求し、それに沿ってつくりあげた人生」のことです。そこに、自分自身はありません。自分の価値観や自分が心から望む理想は置き去りにされています。ただひたすら、他人や社会の思惑通りに生きることが幸せだと思い込んでいるだけ。だから、「奴隷の人生」だというのです。

起きて活動している間は社会的催眠にかかり、いわば洗脳されている状態。「奴隷の幸せ」で満足していられます。しかし、睡眠という深い催眠下ではその洗脳の殻を破るようにして本当の自分が顔を出し、思い通りに生きられない不幸を嘆き始めます。

社会的催眠にかかっているときは安心して幸せでいられても、その催眠は睡眠という深い催眠には勝てません。寝ているときは、社会的催眠は覚めているのです。だから、夜寝ているときに突然、不幸感に襲われるのです。

たとえば、自分はサラリーマンになりたくないのに、親の意向で就職させられた人は、とくに不満なくつつがなく、毎月給料をもらって仕事をこなしているつもりでも、夢のなかで「しまった……」と後悔しているわけです。

また、お金に目がくらんで愛のない結婚をした人は、どれほど贅沢《ぜいたく》な暮らしを楽しんでいても、夢のなかではやはり「選択を間違えた……」と唇を噛んでいるのです。

さらに困ったことに、たとえ、イヤな夢にうなされたり、寝覚めが悪くて気分が不快だったりしても、目が覚めてしばらくすればすぐに昨日と同じ洗脳状態に戻り、そのまま何となく一日が始まってしまうのです。

もし、あなたが夢のなかで思い切り後悔したり、何となく目覚めの悪い朝を迎えたりすることが多いようなら、それは「奴隷の人生」を生きている証拠です。と同時に、あなたが願う「なりたい自分」「叶えたい夢」「手に入れたい幸せ」は十中八九、奴隷の頭で発想されたもの。気づかぬうちに他人や社会の奴隷になっているあなたは、自分の本当の思いを引き出せていない可能性が高いのです。

そこで、警告をひとつ。

「奴隷の幸せに甘んじていると、死ぬときに後悔しますよ」——。

私のこんな言葉を耳にすると、奴隷たちの多くは「あとは死ぬだけというときに、いくら後悔したってかまわないさ」とうそぶきます。そういうところがまた、奴隷の奴隷たるゆえん。死ぬときに後悔することがどれほど怖いかをご存じないのでしょう。

「奴隷の幸せ」が夜寝ている間には通用しないのと同じことが、死の直前に訪れる「強烈な睡眠」時にも当てはまります。死の直前の強烈な睡眠では、すべての社会的洗脳は解けるでしょう。どんな深い催眠よりも死の眠りは深いからです。

よく「死を間近にすると、さまざまな思い出が走馬灯のように浮かぶ」なんて言われますよね？　あれは、短い間に脳が超並列的に動いて、すべての記憶が怒濤の如く一気にあふれだしてくるからです。

ただし、「短い間」といっても、看取る側の人間にとって短く感じられるだけのこと。死んでいく本人にとっては、とてつもなく長い体感的時間です。というより、脳が壊れて、時間の概念が崩れていくので、内省的には死の時間は永遠に訪れないも同然なのだと考えられます。

たとえるならそれは、永遠に軸につかない接線のようのもの。すぐそこにある死のホライズンになかなか辿《たど》り着けないわけです。臨死体験をした人のなかには、一生分の長い長い後悔をしてこの世に戻ってくる人もいます。戻ってこれない人の時間は、永遠に引き延ばされる可能性があります。

宗教的に言うと、それは「死後の世界」です。

となれば、「奴隷の人生」を生きた人は、死を前にした強烈な睡眠状態にあって、永遠に後悔し続けることになります。社会的催眠という麻薬が効かない分、後悔に満ちた人生をなぞり直すことは想像を絶するほどの苦しみでしょう。

よしんば、あの世という死の向こう側の世界があったとしても、そこで永遠に苦しむのですから、死の時間が訪れようと訪れまいと同じこと。社会的催眠をといて自由に生きなければ後悔は免れず、思い切り怖い思いをしながら、果てしない時間宇宙のなかを漂うしかないのです。

あるいは、自分自身をだまして生きてきた業を背負い、あの世で地獄の苦しみを味わうことになるかもしれません。

その点、「奴隷の幸せ」ではない「本当の幸せ」を願って生きた人は、安らかな気持ちで死を迎えることができます。本当に自分が望む通りに生きた人生は、何回なぞり直したって楽しいではありませんか。まさに極楽です。

どうですか、私が「奴隷の幸せに甘んじていると、死ぬときに後悔しますよ」と言った意味、ご理解いただけましたか?

死の淵《ふち》で苦しみ続けるなんて、かなりゾッとしませんか? そうならないためにも、一日も早く社会的催眠をとかなくてはなりません。

本書は、「いまの自分がイヤだ」と思いこんでいる、その自分とは何なのかを問いかけるところから書き起こしています。そこが、著者が「私はこんなふうに生きて夢を叶えた。成功した」といった体験談を披露する、いわゆる「夢実現本」や「生き方本」と著しく異なるところです。本書は、

「私って本当にダメ人間?」

という原点に立ち返って、他人や社会の価値観に縛られた自我を解放し、そこから本当に「なりたい自分」の姿と夢を導き出し、「自分を書き換える技術」を伝えます。

詳しくは本編で述べますが、自分自身をより高い視点から見る「抽象思考」ができるようになると、生き方や夢実現のためのノウハウなんか何ひとつ学ばなくとも、無意識のうちに「なりたい自分」「夢」「幸せ」を手に入れるべく行動する自分になれます。

その「技術」は、いくつかのトレーニングを重ねることによって、誰もが身につけられるものです。

他人の目を通して理想の自分像をつくりあげ、そこに「なりたい自分」を重ねることは、もうやめにしませんか？

社会が当たり前の価値観としている「競争に勝つこと＝幸せをつかむこと」という洗脳から、そろそろ脱出しませんか？

自分が本当に望む自分とはどんな自分なのかを、自分の心で感じ、自分の頭で考え、自分で発見しようではありませんか。そうして他者に洗脳された「自我」を書き換え、「幸せ」というゴールが見出せれば、自ずとそこに向かうプロセスそのものを「幸せ」に感じるはず。嬉々《きき》として、日々を生きることができます。もちろん、自分をダメ人間と自己卑下することもなくなるでしょう。

自分を変えるために必要なのは、何者にも束縛されない本来の自分を取り戻し、自分本来の幸せを求めていく強い意志です。

そういう強い意志が持てたならば、その先にはさらに、自分の関わる宇宙を超越した視点に立つための「自由意思の獲得」というゴールが見えてきます。それは、人間ならば誰にでも獲得できるもの。人類はすでに、自らの自由意思で進化できるまでに脳を発達させているのですから、すべての人がこの自由意思を持つことは可能なのです。

本書では、機能脳科学を専門とする私、苫米地英人が研究と実践を通して学んだ科学的知識、手法を盛り込みながら、

「自我を書き換えて本当になりたい自分を実現し、最終的には自由意思を獲得する」


ために必要な知識とトレーニングについてお話します。

読み終えたら、あとは実践あるのみ。あなたは必ずや、本当の自分に目覚めて、本当の夢を追うなかで、時空を超えた幸せを実現するでしょう。すべては、

「一生分の後悔に苦しみながら、永遠に死の淵をさまよい続ける――そんなバカな人生を

歩まず、自分が心から望む人生を生き、安らかな気持ちで永遠の自由を迎える」ために。

二〇〇七年七月

苫米地　英人

ドクター苫米地の新・福音書／目次

第三章 「二次元人」から「五次元人」へ 抽象度を上げるトマベチ流・七種のトレーニング

第四章　これが、内部表現を書き換える方法だ！　真の意味で「なりたい自分」になるために

第五章　「自由意思」が人の進化を促す　苫米地英人が夢想する未来とは

第一章

私たちを縛っているのは「自我」

なぜ自分を変えられないのか

◉わざわざ自分を不幸にしていませんか？

「いまの自分がイヤだ。このまま自分を変えられないと、幸せになれない」

そう願って、あなたは本書を手に取りました。そうですね？　それはいい。素晴らしい心意気です。そこで質問です。

あなたはなぜ、「いまの自分」がイヤなのですか？

おそらく、この問いに対する答えとして、あなたは思いつく限りの自分のマイナス要素を持ち出してくるでしょう。たとえば、

「仕事ができない、ダメなサラリーマンだから」
「気が弱くて自己主張のできない、ダメな性格だから」
「安月給と貧乏に甘んじるしかない、〝甲斐性《かいしょう》なし〟だから」
「人づき合いが下手で友達も少なく、地味な人間だから」
「見た目は冴《さ》えないし、まったくモテないから」

「家柄、資産、学歴、地位……強みとなるものが何ひとつない、ダメ人間だから」

といった具合に。でもそれは本当に「ダメな自分」でしょうか？

あなたが考えている「私ってこういう人」という自分像は、本当に「いまの自分」でしょうか？

明言しますが、みなさんが現在分析している自分自身は、本当の自分の姿とは異なるものです。

よーく考えてみてください。「私」を考えるとき、あなたは当然のように、他人または社会から見た自分の姿を思い浮かべてはいませんか？

たとえば、「ダメなサラリーマン」である自分は、上司・同僚の目から見た自分です。「見た目が冴えず、性的魅力に乏しく、モテない」自分は、異性の目が決める自分です。つまり、「他人がつくった自分」を自分自身だと思いこんでいるのです。

また、「家柄、資産、学歴、地位などに恵まれない」自分は、社会が評価しない自分に過ぎません。「安月給と貧乏に甘んじている」自分もそう。社会的地位が低いから、ダメな自分だと考えてしまうのです。それは、社会の価値観の奴隷と化している自分です。

といったことを考えると、あなたがまず認識しなければならないのは、自分が分析して

いる自分はようするに、

「他人の目というフィルターを通した自分」
「社会の価値観というフィルターを通した自分」

であるということです。それが、みなさんが頑《かたく》なに「ある」と信じている「自我」の真実の姿なのです。

大半の人は自分以外の「他人」とか「社会」といったものを勝手に想定して空虚な自我をつくりあげ、わざわざ自分を不幸にしています。自己卑下があまりにも強すぎるのです。だからこそ、私は言いたい。

「そんなふうに、他人や社会が勝手につくりあげた自分を自分だと思いこみ、それに縛られていることほど、屈辱的なことはないのではありませんか？　そんな自分でいる限り、決して『なりたい自分』にはなれませんよ」と。

もちろん、「なりたい自分」の人物像をどう描こうが、あなたの自由です。それが自分の本当に望む姿で、たまたま他人や社会の思惑に合致しているだけなら、私は何も言いません。そうではなく、ろくすっぽ自分の思いも吟味せずに、他人の目や社会の価値観に洗脳されている人があまりにも多すぎるから、自分自身を根本から問い直す必要があると提言したいのです。

本章では、そんなふうに私たちを縛っている「自我」について考えてみましょう。

◉「自我」なんてない！

「自我」と「霊」は似ている？

「自我なんて、ないんですよ」

と私が言うと、たいていの人は怒り出します。なかには、怒りを通り越して「またまた冗談ばっかり……」と笑いだす人もいます。目が点になって、フリーズしてしまう人もいます。それほどに、自我というのは「あるのが当たり前」と認識されています。

なぜでしょう？

おそらく、自我がないとなると、自分の存在そのものが否定されたような、アイデンティティが根底から崩れてしまうような恐怖感に襲われる。だから「自我はある」と信じたいのでしょう。

その気持ちはわからなくもないけれど、「自我はない」のです。

そもそも、あなたはどうして自我があると考えるのですか？　その存在の拠り所は、「自我はある」という確信でしかないのではありませんか？

そういう意味では、霊の存在を信じる人が「霊はいる」と言うのと同じようなものです。霊の存在を「バカげている。単なる迷信だよ」と一笑に付す人は、「霊はいない」と信じているわけです。

そんなことを言うと決まって、「いや、自我と霊は違う。自分の頬を叩けば痛いし、記憶だってあるし、自我はその存在を確信できる。でも霊にはそういうリアルな感覚がないじゃあないか」と反発する人がいます。

でも、それは認識不足と言わざるをえません。たとえば日蓮宗《にちれんしゅう》に、身延山《みのぶさん》で百日修行を行う浄霊集団がいます。彼らは「霊が行き場を失うとかわいそうだから」と、「除霊」ではなく「浄霊」を行います。「南無妙法蓮華経」と書いた巻物に霊をくるんで、浄土へ連れて行ってあげるということです。その修行の最中、たまに霊と戦って死ぬ僧侶がいるそうです。

どうでしょう？　こういう話を聞くと、霊の存在もリアルに感じることが不可能ではないと思いませんか？　霊がいようといまいと、修行を積んだ僧たちは戦うと自分の心臓が止まってしまうくらいの強い臨場感を持って、霊の存在を感じているのです。

仏教の教えでは、霊は「空」とされています。つまり、「いる」と言えば「いる」し、「いない」と言えば「いない」。少なくとも物理的には存在しえないが、単純な言い方をすれば「人の心のなかには存在しうる」ということです。

「なぁんだ、やっぱり霊はいないんだ」と思うかもしれませんが、自我だって同じ。自分の頬を叩いて痛いとか、記憶があるとか、自我を実感する事柄はすべて自分が認識している情報でしかありません。

自我だって心のなかに存在しているだけなのです。

もっとも、情報と言われてもピンとこないかもしれません。もう少し詳しく説明しましょう。

自我だけではなく、机もパソコンも本も、この世のすべてのものの存在を裏付けるのは、それらを特定するための情報です。たとえば、

「机はこういう形をしていて、こんなことに使われる道具ですよ」とか、

「パソコンはモニター画面に文字や絵を映し出す〝頭脳〟を持った機械ですよ」

「本は文字や絵が描かれた紙ですよ」

といった情報がなければ、その存在を示すことができませんよね？　これをつきつめて

いくとわかるのは、存在そのものが情報だということです。

また、記憶は脳に残っている知識や経験の内容ですから、やはり情報です。そういう意味で、私たちが認識している事柄はすべて情報――「脳と心」のなかの存在でしかないと言えます。

霊は修行をした人にしかその存在をリアルに感じられないけれど、自我については「運よく」と言うべきか、誰もが生まれたときから当たり前のように臨場感を高める訓練をしてきた――霊と自我の存在を確信できるか否かについては、そういう認識訓練の違いしかないということです。

「自我」は他者との関係がつくりあげる

以上のことから、自我には物理的実体がないことは納得いただけたと思います。そこで、仕切り直しです。

ならば、自我とはいったい何なのでしょう?

ここで試しに、自分自身を定義してみてください。自分の名前とか家族関係、住んでいる場所、通っている学校もしくは会社、職種、趣味・嗜好《しこう》、特技、性格など、さまざまな

要素があるはずです。私の場合なら、

「私は苫米地英人という名前です」
「私は東京ミッドタウンに近いところにオフィスを構え、コグニティブリサーチラボ株式会社のCEOならびにドクター苫米地ワークス代表として仕事をしています」
「私は脳機能学者です」
「私は全日本気功師会の名誉校長です」
「私は角川春樹事務所の顧問です」
「私はフェラーリと、とらやの羊羹《ようかん》が大好きです」
「私はカーネギーメロン大学院の卒業生です」
「私は前衛芸術家です」

など、私を説明する情報はたくさんあります。ただ、これらをいくつ並べても私という自我を定義することはできないし、自分以外の人や組織や物体など、他者を引き合いに出さなければ「たしかにこれが自我である」ということは何ひとつとして説明できません。
もう、お気づきですね？　私という存在を決めているものはどれも「他者との関係」であって、自分自身ではないのです。

ようするに、自我は自分でつくりあげるのが不可能なもので、他者との関係によって定義されるものだということです。

重要なのは、「関係」というのは点と点を結ぶ線につけた名称であり、点そのものには面積も体積もない。だから、私という自我は、名前は何で、住所はどこどこで、何年何月何日に生まれて、家族にはこういう親兄弟がいて、どこでどんな仕事をしていて、何が好きで……といった具合に、宇宙空間の座標軸のなかの点が描くネットワークを指す、ということです。でも、「実体は?」というと、中心は点ゆえに「ない」わけです。

もっとわかりやすく、別の言い方をすると、自我は人の体に備わっている「免疫システム」のようなものです。

免疫システムがウイルスという外界からの侵入物に出くわして初めてその存在を顕在化させて機能するように、自我も他者と関連性ができたときに露見する情報だという見方ができます。

それを理解していただいた上で、私が何を言いたいかというと、

「自我というのは、他者との関係性のなかで、『これが私』と認識・定義している情報状態なのだから、いくらでも書き換えることができる」

ということです。

「自分を変える」ためには、ここをしっかり認識しておいて欲しいところ。**「自我なんて存在はない。自我は書き換え可能な情報として利用できるものである」**と捉える。それが自分を変える出発点になるのです。

◉「内部表現」という宇宙を認識する

自分の認識はすべて「縁起」によるもの

私が後ほどご紹介する「書き換えの技術」は、自我と認識しているネットワークだけを対象とするものではありません。それを含むもっと広い宇宙――「内部表現」に対して働きかけるものです。

内部表現とは、意識的にせよ、無意識的にせよ、私たちの「脳と心」が認識している空間のすべてを意味する概念です。「内部」という言い方から、脳と心の外側に物理的現実世界があると受け止められがちですが、そんなものはありません。私たちの脳と心に映っている世界なら、それが宇宙の果てであろうと、地球の奥深くであろうと、内部表現なのです。

わかりやすく言うと、私たち一人ひとりが固有の内部表現の住人なのです。具体的には、生身の私たちが生きる現実世界も、映画やテレビ、小説などで描かれたり、夢・空想から生み出されたりする仮想世界も、脳と心が認識すればそれは内部表現。宇宙そのものだということです。

自我というのは、これほどにスケールの大きな内部表現のひとつの中心点だと言えるでしょう。

ちなみに、「脳と心」は切り離せないものです。脳も心も、内部表現の状態を記述するべく機能しています。内部表現は物理抽象度（現実世界）から情報抽象度（仮想世界）まで連続的に広がっており、そのなかのどの抽象度で記述しているかによって脳と呼んだり、心と呼んだりしているにすぎません。

つまり、脳科学者が語る「脳」と、心理学者が語る「心」は、内部表現について違う抽象度で表現しているだけです。

機能脳科学は脳と心をセットで扱う学問です。なので、その専門家である私は、「脳と心」をひとつの単語として使っています。

ところで、もうひとつ、しっかり頭に入れておいて欲しいのは、**内部表現という宇宙では、**

自我だけではなく、自分の認識しているものすべてが、関係性で成り立っているということです。その関係性をインドの哲学者釈迦《しゃか》は「縁起」と呼びました。「すべての存在は縁、つまり関係性によって起こる」としたのです。内部表現を書き換えることはすなわち、自分の縁起に働きかけることだと捉えてください。

内部表現が書き換えられることを科学的に説明すると……

ここまで読んで、内部表現がどうして書き換え可能なのか、いまひとつ納得できない方もおられるのではないでしょうか。単純に、内部表現は「情報状態」だから、というのがその答えですが、もう少し詳しく、科学的に解説しておきましょう。

かつて、人間の心を扱う心理学は文科系の学問でした。日本にはいまもその名残がありますが、一九七〇年代後半から八〇年代にかけて「心理学を科学にしよう」という動きが出てきました。ちょうど構造主義が世界を席巻《せっけん》していた時代のことです。

構造主義とは簡単に言うと、「一方向に組み上げた総和が全体である」とする考え方。たとえば伝統的な文法理論でいうと、「文章は名詞や動詞などの品詞を組み合わせてできる」としています。

しかし、当たり前のことながら、一つひとつの単語の意味は文章や状況によって変わります。同じ「paper」という単語でも、文章全体が出来上がらないと、それが「紙」なのか「論文」なのかはわかりません。

また、同じ「John!」という呼びかけの一語でも、ジョンと出会ったときに相手が発した言葉なら「こんにちは」だし、誰かがトイレのなかからジョンに向かって叫んだ一言なら「紙、持って来て！」だし、状況によってまったく意味が変わってきます。

そうして「全体は部分の総和ではない。部分と全体は一方向の単調な関係ではなく、双方向性を持つ」ことがわかって、構造主義は崩れていくわけです。

それはさておき、構造主義の心理学世界におけるムーブメントは、「行動主義——ビヘイビアリズム」と呼ばれました。これは、人間の行動や思考を外部から観測することによって、人間を定義しようとするものです。

その方法論は言い換えれば、人間の行動や思考という「部分」を組み立てていけば、人間という「全体」が出来上がるという構造主義に基づいています。

それで、科学の基本は実験的再現性にあるので、人間の行動を実験してみましょうとなりました。とはいえ、人間相手の実験は一筋縄ではいきません。一〇〇人のエキスペリメント（実験）群と、一〇〇人のコントロール（統制）群をつくって、ひとつの条件を除いてはまったく同じ環境下に置いて、行動パターンにどんな違いが現れるかを実験するのですが、せいぜい、

「人間を一回叩いたら怒った。二回叩いたら泣いた。三回叩いたら死んだ」

くらいの測定結果しか出せないのです。

あ……いま、笑いましたね？　でも、これは笑い話なんかではありません。当時の科学者たちは大まじめに、三つほどのパラメーターを設定しては、一〇〇人を集めて実験し、人間を定義しようとしていたのです。

これでは成果が得られるはずもなく、もっと困ったことに、「なぜ、怒るの？」「なぜ、泣くの？」といった疑問も解決されません。それぞれの個体が持つ性格や経験などによって、反応は異なるからです。

そこで科学者たちは気づいたのです。「心がいるじゃん」ということに。

その「いるじゃん」という心を「内部表現」と呼び、そこでは外からの刺激を受けるたびに「こんなことが起きています」と記述しているとする考えが生まれました。そういう内部表現を信じる思想がファンクショナリズム（機能主義）で、これを信じる心理学者たちが「認知科学者」たちなのです。

認知科学とは英語で「コグニティブ・サイエンス――Cognitive Science」。人間の「心と脳」の認知をテーマとする科学です。

少々長く荒っぽい説明をしましたが、この認知科学が八〇年代に入りコンピュータが進化したことにより、人工知能（ＡＩ）という分野が生まれました。つまり、「脳で起こることは信号だから、物理の波動方程式で書ける。つまり関数で書ける。心で起きることも同じ。何らかの関数で記述できる。人間の認知のすべて、つまり、脳から心までの全抽象度にわたる内部表現は、何らかの関数で記述できる」と強く信じる科学者たちが人工知能ブームを巻き起こしたのです。

もちろん、私もその一人。結局うまくいかないまま今日に至っているものの、私はいまも内部表現はコンピュータで記述可能だ、記述する自分たちがアホだっただけで人工知能は必ずできると信じています。

ともあれ、脳機能学者である私は、誤解を恐れずに言えば「人間とはコンピュータである」という強い哲学の下、いかなるコンピュータもすべての真理を導けないというゲーデルの不完全性定理と、それを人間ゲーデルが発見したという人類にたまに訪れる理性の超越を信じながら、人の認知を関数で記述した人工知能開発への夢を追求しています。また、「人が自らの力で内部表現という情報状態にアプローチし、コンピュータのプログラミングをするように『脳と心』に新しい情報を記述しながら、その宇宙をどんどん広げていく。いや、記述するというより、自分オリジナルの高度な宇宙を創り出していく」

そのための技術を体得・伝授しようとしているのです。

ポイントは「抽象度を上げる」こと

では、内部表現宇宙を創造する、すなわち自分を変えるためには、どうすればいいのでしょうか？

ポイントは、抽象度を上げた思考にあります。

わかりやすく言うと、物理空間に生きる「私」という殻から抜け出し、もっと高い抽象度で物事を見ることです。

それでもちょっとわかりにくいかもしれませんが、方法論については後に詳述するとして、ここでは「抽象度を上げる」とはどういうことか、ざっとイメージをつかんでいただくことにしましょう。

たとえば、「講談社」という概念があります。その講談社は「出版社」という概念に含まれます。出版社のほうが講談社より、少し抽象度の高い概念です。さらに、「企業」「ビジネス社会」「日本の社会」「世界の社会」という具合に、ひとつの概念が含む世界を大きくしていくに従って、抽象度は上がっていきます。

逆に、講談社に「ビジネス出版部」とか「苫米地の本の編集者」というような概念を持ってくれれば、講談社より抽象度が下がります。

ようするに、抽象度とはひとつの事象を見る視点の高さのこと。抽象度が上がれば当然、見える世界が広がり、認知できる情報も増えていきます。よって、「抽象度を上げる」というのは、

「高い視点から広い世界を見る」

ことなのです。

もちろん、どんなに抽象度を上げても、現実には自分が知っているものしか見ることも理解することもできません。でも、たとえばアメリカンショートヘアなんて種類の猫がいることを知らない人でも、「私んちのタマ」ではなく「猫」という抽象度で世界を見ると、その概念のなかに以前は見えていなかったアメリカンショートヘアが勝手に入ってきます。それだけ、潜在的に知っている事象が豊富になるではありませんか。これは、自分が知らない・見えないものまで認識していることと同じなのです。

自動的に「なりたい自分」が見つかる!

こんなふうに抽象度を上げると、自動的に「なりたい自分」「夢」を限りなく大きくしていくことができます。「私」という狭い世界を飛び出して、もっと抽象度の高い空間から、それらを思考することが可能になるのです。

たとえば、あなたが「営業成績が上がらない」と苦しんでいたとします。抽象度が低い状態では、自分に能力がないからだと卑屈になったり、自分が能力を発揮できないのは会社や上司のせいだと人を恨んだりしかねません。

そんな状態で前向きになれ、というほうがムリな相談です。多くの場合、自己嫌悪や人間不信を助長します。それが高じて出社拒否や引きこもりになったり、うつ病を発症させたりすることもよくあります。

しかし、少し抽象度を上げて考えるとどうなるか。試しに、「いまの自分」より一段高い「これから数年間の自分」という視点に立ってごらんなさい。すぐに「たまたまいまは営業成績がふるわないだけで、先のことはわからない。営業成績が上がるように何か工夫してみよう」と思えてくるはずです。あるいは「いまは一回り大きい自分になるためのトレーニング期間」と思えるかもしれません。

あるいは、「私」から「会社」「業界」「ビジネス社会」と抽象度を上げていってもいいでしょう。それによって、不況下にあって自分の営業成績は自分で思うほどに悪くはないことがわかるかもしれないし、広い視野を得たことで新たに営業先にふさわしい会社が見つかる可能性もあります。もっと言えば、思わぬところに自分が本当にやりたい仕事があると気づくことだってあるでしょう。

なぜ、それが必要かというと、「私」という殻に閉じこもっている限りは絶対に見えない世界が開けるからです。それによって、**自分を含めた周囲の価値観から離れて自分を見ることができ、そこを足場に「奴隷の幸せ」ではない「本当の幸せ」にどんどん近づいていける**からです。

私たちが心から望んでいる幸せは本来、非常に抽象度の高い感覚です。「私」だけにこだわる抽象度の低い状態のままでは、「奴隷の幸せ」しか得られません。脳の仕組みがそうなっているのです。具体的に説明しましょう。

親指を他の四本の指で巻き込むように手を握ってみてください。それを人間の脳に見立てると、親指は生物が生命維持に必要な呼吸などの機能を司《つかさど》ったり、食欲・性欲等の根源的な欲求に対する快楽を感じたりする「脳幹」に当たります。これを巻き込む四本指は「大脳皮質」です。そしてその一番先の部分が、抽象思考を司る前頭前野です。ここには、脳幹の中脳に位置するVTA（Ventral Tegmental Area）からドーパミン作動性の神経軸索が伸びてきているので、脳は抽象的な思考によってもドーパミン即ち運動性物質を出すことによって、快楽を得ることができます。

私が「奴隷の幸せ」と称するのは、抽象度の低い現実社会で自分の幸せだけを求めて得られる快感です。食欲や性欲とあまり変わらない、非常に原始的な欲求と言わざるをえません。そんな欲求はすぐに満たすことができて、それでおしまいです。

その点、抽象思考によって得られる快楽は、果てしなく大きくできます。そりゃあそうです、極端な話、宇宙レベルで幸せを考えるのですから、宇宙のみんなとともに幸せになることを夢として育てていくようになります。その夢を実現させるのですから、それほど高く大きな満足度はないでしょう。

まぁ、そこまで達するのはそう簡単ではないものの、我欲を満たすだけの幸福感よりは抽象思考で求める幸福感のほうが、ずっと志は高いし、スケールも格段に大きい。その分、満足度もアップすることは間違いありません。

私自身、「世界から差別と戦争がなくなる」ことを夢見て、日々抽象思考をしています。それによって、幸福感にも満たされています。

そうして抽象度を上げて少しずつでも内部表現の宇宙を広げていくことが、真になりたい自分になり、叶えたい夢を実現させて、本当の幸せを獲得するための、万人に共通な唯一の方法であると、私は確信しています。

みなさんも、我欲を満たすだけの幸せなんて目もくれず、もっと抽象度の高い幸せを私と一緒に目指していきましょう。ここでは、ポイントは抽象思考にある、そのことだけをしっかり頭に刻み込んでおいてください。

人間には抽象思考をする能力がある

抽象思考に関連して、人間の持つゲシュタルト能力について触れておきましょう。ゲシュタルトとは、全体と部分が双方向に関係していることです。

たとえば、道の両側に街灯が並んでいる様を、夜の暗闇《くらやみ》のなかで上空から眺めた場合。この街灯の並ぶ道を知らない人にとっては、単に二列の光の玉が並んでいるようにしか見えません。

でも、それらの光の玉が道の両側に並ぶ街灯だとわかると、単なる光の玉の列がちゃんと街灯に見えるし、列が描くカーブは道だと認識できます。

このように、意味をなさない部分が、全体のなかで意味を持って現れてくることを「ゲシュタルトができた」と言います。

そして、**抽象度を上げるということは実は、ゲシュタルトをつくること**なのです。単純な例で言うと、「魚」という概念はサンマやアジやマグロなど既知の種類の魚によって定義されるわけではないし、「魚」という概念が最初にあってそれが個々の魚に適用されるわけでもありません。

個々の魚と、ひとつ抽象度の高い「魚」という概念は、双方向的に関係しているのです。だから、未知の魚に遭遇しても、これは魚だとわかります。それがゲシュタルト能力です。しかも、ここからさらに水生動物、生物へと視点を上げていき、どんどん新たなゲシュタルトをつくりだすこともできます。

さらに、このゲシュタルト能力は、概念を使って考えることすべてに発揮されます。こんなふうに、高度に構造化されたゲシュタルトを獲得・維持できるのは、人間をおいて他にありません。

つまり、高度なゲシュタルト能力を持っていることは、人間の人間たる所以《ゆえん》でもあるのです。

もちろん、人間が抽象思考をできるのも、ゲシュタルト能力があってこそ。これに磨きをかけると、認識できる世界が広がるばかりか、そこにゲシュタルトを構成する多種多彩な情報ネットワークが構築されるのです。

◉なぜ、自分を変えられないのか?

内部表現には、現状を維持しようとする力が働いている

世の中には、「自分を変えたい」と思っている人がたくさんいます。そのことをテーマにした啓蒙《けいもう》書は、本屋さんにあふれ返っています。

それでも解決策の決定打と言えるものがないのか、「自分を変えられない」と悩む人は多いようです。実際、その種の本やセミナーの人気は衰えるところを知りません。

なぜ、自分を思い通りに変えられない人が多いのだと思いますか?

あなた自身、どうしてなかなか思い通りの自分になれないのだと思いますか?

そう問いかけると、多くの人から、「意志が弱いから」「根性がないから」「能力が劣っているから」など、自分を卑下するような答えが返ってきます。それは、一章の冒頭で触

れた通りです。

まぁ、そんなに悲観することはありません。ある意味、自分を変えることができないのは当たり前なのです。

なぜなら、内部表現には現状を維持しようという力、つまりホメオスタシスのフィードバックが強烈に働いているからです。

「ホメオスタシス」は、生体をより長く生きながらえさせるために、安定的な状態を恒常的に維持しようとする機能を意味する言葉として、よく使われます。

たとえば、人間の体温がだいたい三六度前後に保たれているのも、ホメオスタシスが働いているからです。寒い冬場には、皮膚の表面の毛細血管が収縮して体温が外に逃げないようにするし、暑い夏場には逆に、皮膚の表面の毛細血管を拡張して熱を外に逃し、汗をかくことで気化熱を出して体温を下げるように働くのです。

ようするに、環境が変化すると、その情報が生体にフィードバックされ、生体は内部状態を安定させるわけです。

さらに人間の脳は、物理的な現実世界だけではなく、内部表現空間全体にまでホメオスタシスのフィードバック関係を広げています。

わかりやすい例をあげると、何か新しいことに挑戦しようとすると、臆病風が吹いてく

る、といった場合がそう。失敗して苦い思いをすることを繰り返すうちに、

「新しい挑戦課題が舞い込んで来たら逃げる」

というホメオスタシスのフィードバック関係をつくってしまったのです。挑戦さえしなければ苦い思いをせずにすむので、心は安定を保てるでしょう?

そうなってしまった人は、新しい挑戦を前にすると決まって、前の失敗体験を追体験して、やったこともないのにリアルに失敗して苦しむ自分を体感し、何とか逃げようとしてしまいます。

逆に、成功体験を積んだ人は、リアルにうまくいく自分を想像できるので、いいホメオスタシスのフィードバック関係を形成することが可能です。

人間はそういう仮想世界ともホメオスタシスのフィードバック関係を持てるまでに、脳を進化させていると言えるでしょう。

といったことを考え合わせると、生体を含む内部表現は「変化を嫌う」という特性があるとわかります。それによって体が健康に保たれることは大歓迎ですが、過度なストレスを受けるなどすると、困ったことになります。ホメオスタシスのフィードバックがうまく機能しなくなり、体は〝健康ゾーン〟からはみ出して病気になってしまうのです。

そして場合によっては、ホメオスタシスのフィードバックがかえって病気の状態を維持

するという負の方向で働くこともあります。こうなると、病気はなかなか治りません。治りたがらなくなると言ってもいいでしょう。

内部表現に記述されている「私」という情報も同じ。それがたとえ〝病状態〟の私であっても、強烈に脳に記述されてしまうと、ホメオスタシスのフィードバックにより頑固に維持しようとします。

困ったことに、ホメオスタシスのフィードバックは「体と心」の健康を維持する一方で、病状態を長引かせもする。だから、自分を変えることは難しいのです。

ホメオスタシスの抵抗パワーは強烈

もちろん、内部表現の書き換え技術を使えば、ホメオスタシスのフィードバックをいい方向に機能転換させることができます。ただ、それをしようとすると、強烈な抵抗があることを覚えておいてください。

内部表現には、ホメオスタシスのフィードバック関係が無数に張り巡らされています。そのネットワークは縁起そのもの。「私」を中心とするありとあらゆる事象において、縁起が維持されているのです。

しかも、その力は非常に強く、私たちが意識していないところでもさまざまなフィードバック現象を巻き起こしています。

この本がどんなにおもしろくて興奮しても、まず呼吸することは忘れないでしょう？　呼吸しなくては死んでしまいますから、呼吸は生きるための強烈なフィードバックなのです。それほどではないにせよ、負の方向に働くホメオスタシスのフィードバックにも、なかなか侮れないパワーがあります。

たとえば、私のところへ「部屋を片付けられない自分を変えたい」とやってきた女性の場合。彼女はいわゆる「片付けられない症候群」に陥っていました。でも、よくよく話を聞いてみると、「片付けられない」のではなく、「片付けたくない」のだとわかりました。部屋を片付けると、前に付き合っていた恋人との思い出の詰まった物が目に入ってしまうからです。

部屋を片付けることはすなわち、彼との縁起を解消すること。それに対して、ホメオスタシスのフィードバックが働き、「片づけさせてなるものか」とがんばっていたのでしょう。彼女は、「前の彼にはもう未練はない」と言っていたので、私は「部屋を片づけなくていいから、物を全部捨てちゃいなさい」とアドバイスしました。

そのときは彼女も「その手があったのか」とばかりに納得して帰って行ったものの、思わぬ抵抗が待ち受けていました。物を捨てようと決意したその日は年末で、分別ごみの年内の収集はもう終わっていたのです。

こうして機を逃した彼女は、いまもホメオスタシスの抵抗から抜け出せないようです。彼女のような例はたくさんあります。臨床心理士たちとよく話をしますが、心を病んだ人へのカウンセリングが成功して、あと一回くらいで治りそうかなというところまで漕ぎ着けたとき、その本人が不思議と朝寝坊をしたり、のっぴきならない急用ができたりなど、何らかの不都合が生じて診療を受けに来られなくなってしまう。そういうことがよくあるという話です。

体も心も、一度〝病状態〟になると、放っておいても決して改善されません。しかも、病を治そうとしても、体が猛然と反発します。頭でいくら「変わりたい」と思っていても、体のほうが、

「いまのままでいい。違う人にはなりたくない」

とごねるわけです。

本書を手に取ったあなたも、十中八九、このホメオスタシスのフィードバック関係により、口では「変わりたい」と言いながらも、心の奥深くでは現状維持を喜んで受け入れています。

だからこそ、そこのところを自覚したうえで、自らそのホメオスタシスに介入して、「私は変わったほうがいい」と教えてあげる必要があるのです。

◉人は一瞬で生まれ変われる

人は毎朝、輪廻転生《りんねてんしょう》している

もちろん、ホメオスタシスのフィードバックがいかに強烈だといっても、内部表現を書き換えることは十分に可能です。それができないのは、抽象度を上げて物事を認知・思考することをしていないからです。

本書でその技術を学び、ある程度の訓練をすれば、ホメオスタシスの抵抗を克服して内部表現を書き換えることはそう難しくはなくなります。

さて、**内部表現の書き換えは、「縁起を変えて、新しい自分に生まれ変わる」こと**を意味します。「生まれ変わる」なんて聞くと、「来世の話ですか?」と勘違いされそうですが、それは大きな誤解です。

人間は実は毎朝、輪廻転生しているのです。

これは、物理学的な知見でもあります。すでに、「時間と空間は同じ連続体である」とされています。つまり、時間で起きることは空間で起きるし、空間で起きることは時間で起きるのです。

ならば、空間のなかで自分と少し距離を置いた向こうにいる誰かが別人であるのと同様、夜寝た自分と八時間を経て朝起きた自分は違う人のはずです。それなのに同じ自分なのは、なぜでしょう?

ズバリ、寝て起きるたびに輪廻転生しているからです。

ここで私が言う輪廻転生とは、永続的に見える縁起のことだと解釈してください。そして、この場合の縁起は「私は誰?」「お母さんは誰?」といった「私」を中心とする関係性のすべてです。自分が朝起きたときに夜寝る前の自分と同じだと思うのは、「同じ布団に寝ているし、同じパジャマを着ているし、家族は同じ人だし……」といった縁起が維持されているからなのです。

まさしく、輪廻転生でしょう?

もし、誰かを寝ている間に着替えさせて、超音速でどこか別の国にでも連れて行ったら、その人は朝起きたときに「私は誰?」状態になるのではないでしょうか。もっとも、自分自身の生体に係る記憶の連続性によって自分を確認できますから、実際には「輪廻で生まれ変わった」と実感するかもしれません。

いずれにせよ、毎朝生まれ変わるならば、自分自身を一晩で変えることも夢ではありません。どれほど強烈なホメオスタシスのフィードバックがあっても、一晩寝て起きれば、自分は変われるのです。

いや、一晩どころか一瞬で生まれ変わることが可能です。インド哲学では、宇宙は連続的な存在ではなく、瞬間瞬間で新たに生み出される離散的な存在だと考えられています。今の一瞬が一瞬で消滅すると同時に、一瞬にして次の瞬間が生み出される、というのです。その瞬間は「刹那《せつな》瞬」と呼ばれます。

それを信じるならば、一晩寝る必要もなく、刹那瞬で縁起を変えられるというわけ。「自分を変える」には時間がかかると思いこんでいた人、なんだか簡単にできるように思えてきませんか？

縁起は簡単に変えられる

次に、縁起を変えるとはどういうことか、考えてみましょう。ここではわかりやすく、物理空間で説明します。

たとえば、あなたの目の前に机があって、その上にパソコンが置かれていたとします。机とパソコンはあなたが動かさない限り、ずっと動かずにそこにあるように見えます。けれども現実には、パソコンも机も太陽系とともにとてつもなく複雑なベクトルで動いています。

約二億二六〇〇万年かけて銀河系を一周する太陽系にあって、地球は三六五日の周期で太陽の周りを公転し、さらに二四時間で自転しているのですから、静止しているわけではありません。

ただ、パソコンも机も、さらにはそれを見ている自分もいっしょに動いているから、たまたまその関係性が維持されているだけ。つまり、縁起が働いています。これは強烈なホメオスタシスのフィードバックでもあります。

しかし、パソコンを別の机の上に移動すれば、その瞬間、それまでいっしょにいた机とパソコンの位置の縁起は切れます。と同時に、パソコンは別の机と新たな縁起を生み出します。単に移動するだけで、縁起が変わるのです。

生体でも同じようなことができます。私は全日本気功師界の名誉校長もやっているのですが、気功を施すと「一瞬にして、病巣を消す」ことも不可能ではないようです。気功師が気によって直接生体に働きかけ、内部表現を書き換えるお手伝いをした結果、病気が治っちゃった、ということはよく聞きます。

たとえば、子宮頸《けい》がんの人が来て、気功治療後にトイレに行かせたら、血の塊のようなものがボトッと落ちた……なんてことも。そのまま病院に行ってレントゲンを撮ると、がんが消えていて、「お医者さんもビックリ！」です。

それまでがん細胞と強烈な縁起を維持していた生体が、次の刹那瞬にその縁起を切り、新たな宇宙を生み出したということでしょう。

ありえない奇跡のように感じるかもしれませんが、内部表現を理解していれば本質的には何の不思議もないはずです。

もちろん、病気のすべてを気功などによる内部表現の書き換えで治癒《ちゆ》できるわけではありません。ただ、ＮＩＨ（米国立保健研究所）が気功の研究を始めるなど、気功による医療が、西洋医学の専門家により、まじめに研究されているという事実があります。

気功で病を治すのは大変ですが、「なりたい自分になる」ために、「いま不本意な状態にある自分」の縁起を書き換えるくらいのことなら、たいていは自らの意志で十分にできます。次の刹那瞬に生まれる自分の縁起を変えてあげれば、自分は自ずと変わるのです。

最も大事なのは、

「私は一瞬にして生まれ変われる。なりたい自分になれる」

と本気で信じることでしょう。そういう強い意志がなければ、ホメオスタシスの強烈な抵抗に負けてしまいますから。

がんばりましょう！

第二章

「なりたい自分」を発見するには

社会的洗脳から自らを解き放て！

◉「いつも幸せな自分」でいるために

不幸の原因はすべて自分にある

あなたは「いまの自分」を不幸だと感じていますか？

もちろん、「禍福はあざなえる縄の如し」で、幸せなときもあれば、不幸な時もあるでしょう。どちらにしても、少しでも自分は不幸だと感じることがあるのなら、不幸だと思うその原因を突き止めて、自分を変えなくてはなりません。

本書で目指すのは「常に、圧倒的に幸福でいられる自分」です。「なりたい自分」像は人それぞれであっても、この点だけは万人に共通の夢であるはず。まず、

「不幸はどこから来るの？」

ということから考えてみましょう。

といっても、答えは簡単。不幸の裏にはすべて、「自分の失敗」があります。

世の中には、いろんな悩みを抱えた人がいます。「一流大学に落ちた」「希望の企業に就職できなかった」「仕事の成果があがらず、出世できない」「安月給で暮らしに汲々《きゅうきゅう》としている」「恋人にふられた」「子育てがうまくいかない」「忙しすぎて、自分の時間がない」「人

づき合いが苦手で、友達が少なくて孤独だ」「発想が貧困で、平凡な企画しか出てこない」……。でもどんな不幸ももとを正せば、自分の行動の結果です。

だからこそ、そこのところをちゃんと自覚している人はよけい切実に、自分を不幸だと感じてしまうのでしょう。

その点、自分に責任がなければ、気楽なものです。「受験に失敗したのは親のDNAのせい」とか、「医学部に進学できないのは、家が貧乏なせい」「出世しないのは、上司がバカなせい」などと自分の不幸を人のせいにできれば、ずいぶんと気が楽になります。失敗の責任を自分以外の誰か、または自分が所属する社会とかに転嫁しちゃえば、同じ不幸でも大して苦痛を感じないのです。

だからといって私は、「自分が不幸になったら、誰かに責任転嫁しましょう」と言いたいのではありません。そんなことをしたら、「自分の人生は他人に操られていい」となってしまいますから、「奴隷の人生」を勧めることになってしまいます。そうではなくて、「不幸の原因はすべて自分にあると、潔く認めなさい」と進言したいのです。「いつも幸せな自分」でいるためにも、不幸は自分が招いていることを自覚していることが必要だからです。

そもそも、これから行おうとしているのは内部表現を「不幸な自分」から「幸せな自分」

に書き換える作業でもあります。自分の不幸をしっかり認識することが大事なのは言うまでもありません。

あなたはなぜ、自分が不幸だと思うのですか？

不幸の責任は自分にあることを認識したら、次に、どうして自分はその不幸を不幸だと感じるのかを考えてみてください。

誰かと比べて、不幸なのではありませんか？
社会の価値観と照らし合わせると、不幸なのではありませんか？
自分が思い描いていた仮想的な自分の成功と比較して、不幸なのではありませんか？

そう、たいていの場合、不幸は相対的なものです。**何か物差しがないと、不幸かどうかを認識できません。**
逆に言えば、「絶対的な不幸」というのはないのです。
ならば、自分を何かと比べるのをやめればいい。それだけで不幸感はなくなります。すると、自分は不幸だと悩むこともなくなります。不幸から自由になれるのです。

それほど簡単な話なのに、自らの不幸を嘆く人のなかには、悩むことをやめずに、自分をやめてしまう人、つまり自殺を選んでしまう人が後を絶ちません。やめるべきものは何か、その選択を誤ってしまうのです。

なんてことを言うと、「不幸をやめられないから、苦労しているんじゃあないか」という声が聞こえてきそうですが、そうではないでしょう？　一章で、

「自我は空である。物理的な実態ではなく、情報に過ぎない」

ことを学んだあなたは、それができることをすでに知っています。不幸は、自分が何かと比較することでつくりだしたものなのだから、その比較対象とした情報を消去すればいいだけです。

とはいえ、これも前章で述べたように、ホメオスタシスのフィードバックが強すぎて、なかなか不幸をやめられない人も多いと推察します。本章では、「不幸をやめるための考え方」についてお話ししていきましょう。

最も大切なのは、いまのあなたが当然の如く受け止めている「世の中の価値観」を根本から疑ってみることです。

いまの社会は、命も含めて何事にも〝偏差値〟をつけて、その価値観を多くの人に押し

付けています。これはある種、「社会的洗脳」です。どうして、そういう社会になったのかということも含めて理解することで、その洗脳から自らを解き放ってください。

◉「他人と比べる尺度」を捨てる

人間の命には他人と比べられない価値がある

人間を相対的価値観で見る風潮が蔓延《まんえん》している現代社会を語るとき、宗教ははずせない問題です。なので、ここで少々、宗教談義を。

イエス・キリストは、いわゆる「ご利益主義」に異を唱えた人です。そうして「神との契約」の概念を否定しました。イエス以前のユダヤ教では、「神と契約して、人間がその契約通りに行動すると、神は人間にご利益をくれる」とされていたのです。

このご利益主義は、日本にもあります。人間が一心不乱に祈ったり、水行をしたり、生贄《いけにえ》を捧げたりすると、神がお返しにご利益をくれるという概念です。

いまも、みなさんは神社やお寺にお参りして、お賽銭《さいせん》箱に一〇〇円玉をチャリンと入れてお願い事をするでしょう？　一〇〇円じゃあ安すぎると思わなくもありませんが、そうして神や仏からのお返しを期待するわけです。

でも、それでは人間と神とは対等な関係もしくは人間優位の関係にあることになります。信仰心は人間から神に何かを発注することで、ご利益はその契約に基づいて神が人間に目的のものを納品することと考えると、両者の関係がわかりやすくなると思います。

神と人間はそういう契約関係にありますから、当然、人が尽くした度合いによって、神がくれるご利益の度合いも違うわけで、それが人に優劣をつけることにもつながります。

イエスはその考えを一掃し、「人間が神と契約するなどおこがましい」とばかりに、神を思い切り遠くへやりました。と同時に、「神は無条件に人間を愛している」とし、人々に救いをもたらしました。

こんなふうに、神と人間との間に圧倒的に距離があり、契約関係がなくなれば、人間はみな同じ。平等な社会になり、戦争も起きません。そうですね？

また、仏陀《ぶっだ》は、インドにおけるバラモン教の伝統を、イエスとは異なる論理で否定しました。バラモン教は、「我々の永遠かつ固有なるアートマン（自我）は、宇宙の永遠かつ不変のブラフマン（宇宙そのもの）と合一することで意識の束縛から解放される。そのためにマントラを唱えなさい。苦行もしなさい」とする宗教です。

これも一種のご利益主義。バラモンへの献身もしくは自らの苦行がカルマ（前世からの業）を解消するなど、現世で成功するとか、来世で幸せになれるとか何らかの見返りをくれるというカルマの法則という因果律におけるご利益主義です。

それを仏陀は、「神も含めて宇宙のすべては空——縁起で成り立っている」とすることで、「存在に優劣をつける個は存在しない」と主張したのです。当然、人々は平等で、戦争のない平和な世の中になります。

かなり荒っぽい説明ながら、ようするにイエスも仏陀も差別を徹底的に否定したのです。言い換えればそれは、人間の命にはそれぞれ他とは比べられない価値がある。つまり誰かが優劣をつけた相対的価値を判定することはありえない、という論理でもあります。

近代宗教はそこを出発点にしているはずなのに、いつの間にか神を近くに引きずりおろして「誰が一番神に近いか」を巡って争ったり、未来永劫《えいごう》固有の性質を持つアートマン＝自我なる存在を持ち出し人間の順番づけをしたりして、競争原理を生み出してしまったのです。また、先祖が誰かで差別されたり、前世が誰かで人に優劣をつけたりという差別が生み出されたのです。もちろん宗教が戦争を生み出す論理も同じです。

宗教教育をほとんど受けていない日本人にとっては、あまりピンとこないかもしれませんが、今日の社会をつくってきた土台には、こんなふうに宗教が密接に関係しているのです。それは認識しておいたほうがいいでしょう。

ともあれ、そんな社会の成り立ちを考えてみると、私たちが当たり前のように受け入れている競争社会に疑問を覚えませんか？　命まで含めて物事には偏差値がつけられる、人間の価値には順番がつけられる、そういう論理に洗脳されているから、競争社会を勝ち抜くことが自分の幸せだと勘違いしてしまうのです。

競争社会では、勝っても負けても幸せになれない

競争社会に生きていると、常に勝ち続けることに幸せを求めるようになります。でも、どういう戦いにおいても、勝つ人はほんの一握りで、大半が敗者です。負けた人は敗北感を噛みしめつつ、「不幸だなあ。次は勝てるようにがんばらないと、幸せになれないよ」と暗い気持ちになるでしょう。そこに、幸せはありません。

では、勝った人はどうかというと、いっときは勝利の美酒に酔って幸福感を味わえるかもしれません。でも、その幸福感は、社会の思惑に操られて獲得したもの。自分が望んだ幸せとは言えません。

しかも、どれだけ勝利を重ねても、戦いに終わりはないので、いずれ必ず敗北が来ます。そこに幸せはありません。

つまり、競争社会では、勝っても負けても幸せになれないのです。

そんなシステムのなかで幸せを求めてもむなしいだけではないでしょうか。それでも「競争社会で勝ちたい」と「奴隷の幸せ」で満足したいのなら、それは本人の勝手ですが、いまの競争社会は、

「自分が勝って幸せになれば、他の誰かが負けて不幸になる」

そういうゼロサムゲームであることは忘れないでくださいね。

さて、幸福感ですが、これは繰り返し言っているように、脳内の情報処理の問題に過ぎません。また、脳内ホルモンの状態に過ぎないということです。本来、「いま、自分は幸せ！」と思った瞬間に幸せになれます。自分の宇宙で完結する話です。

それなのに、わざわざ「自分と他人の間には共通の尺度がある」という幻想を持ち込み、その尺度を使って「俺のほうがお前よりひとつ上だから幸せだ」などと考える必要はないのです。

日本人には、「東大を出た人は偉い」とか「医者は偉い」「弁護士は偉い」「高級官僚は偉い」「政治家は偉い」「先祖が誰々だから偉い」「前世は武士だから偉い」などと決めて、〝偉い人ランキング〟をつけたがる傾向があります。

しかも、そのランキングを〝社会の常識〟にまで押し上げて、本気で信じ、人を品定め

するのです。

言うまでもなく、これほどバカげたことはありません。大学とか企業、職種といったものは単なるブランドで、「偉い」こととイコールで結ばれるものではありません。

たとえば、東大医学部を出た人のなかには医療を通して人々の幸せに貢献し、それを自らの喜びとしているような「本当に偉い人」もおられるのでしょう。でも対極には、サリンをばらまいたオウムのような最低の組織に入って劣悪な行動をした人間だっていたのです。

「人の価値は、そんなブランドにはない。人々のために、もっと言えば宇宙のために何をして、どう生きようとしているかにある」

それくらいのことは、子どもにだってわかります。大人になるにつれて、妙ちくりんな「他人と比べる尺度」に縛られたために、本質を見失ってしまったのではないでしょうか。

そろそろ、「他人と比べる尺度」をきっぱりと捨てようではありませんか。

「他人の目」をつくっているのは自分自身

他人がらみでもうひとつ捨てるべきは、「他人がつくった自分」という虚像です。

一章で述べたように、「自分は他人の目にこんなふうに映っているんだろうなぁ」と予測した自分の姿を自分自身だと思いこみ、自分はダメ人間だと悩んでいる人が実に多いのです。

繰り返しますが、それはナンセンスです。そもそも、他人が本当に、自分が予測したように自分を見ているかどうか、何の保証もありません。

たとえば、上司に叱られてばかりいる人は、どうしても自分が上司の目に優秀な社員に映っているとは思えないでしょう。それで悲観して、自分を「上司に嫌われているダメ社員」だと思いこんでしまいがちです。

でも、実はまったくその逆で、上司は「見どころがある優秀な社員」だと思っていた……なんてことはよくあります。上司としては、鍛えがいがあるから、叱りもしたわけです。

また、たいていの女性は、「他人の目に美しく魅力的に見える自分」を想定して、念入りにメイクをしたり、洋服選びをしたりするようですが、その姿をどう受け止めるかは他人しだいです。

自分が狙った通りに「素敵な女性だな」とうっとりしてくれる人もいれば、「ださいな」とけなす人もいるでしょう。それ以上に、「気にしちゃいない」人のほうがずっと多いと思いますが。

このように、他人の目は自分では予測不能なものです。どれほど確信があろうと、「他人の目に映った自分」は間違いなく虚像です。

なぜなら、**「他人の目」をつくったのは他人その人ではなく、自分自身**だからです。

「他人の目が気になってしょうがない」人は、その「他人の目」をつくったのは自分だと気づくことが大切です。それができれば、「他人の目」を意識からなくしてしまうことは簡単です。もともと自分がつくりだしたものなのですから、つくらなければいいだけなのです。

◉「自分と比べる尺度」を捨てる

「仮想の自分」は常に「現実の自分より優れている」

人にはどういうわけか、「仮想の自分」も他人にしたがる悪い癖があります。「仮想の自分」というのは、

「もし、あの大学に合格していたら、いまごろは社会の中枢で活躍し、幸せな日々を送っていただろう」

「もし、業界ナンバー1のあの会社に就職していたら、いまごろは高給取り。幸せな暮らしをしていただろう」

「もし、結婚せずに仕事を続けていたら、いまごろはバリバリのキャリアウーマンになって、幸せな人生を手に入れていただろう」

「もし、彼女と結婚していれば、資産家の婿になり、生活に追われることなく、幸せな日常に頬を緩《ゆる》めていられただろう」

といった具合に、「過去にした自分の選択とは違う、別の選択技を選んでいたら、こうなったであろうと予測される自分の姿」です。

「仮想の自分」を思い浮かべるのは、多くは現実にした過去の選択を悔やむ人がすることです。だから当然、「仮想の自分」は現実の自分より幸せになっていたはずだと、考えてしまうわけです。

そんな勝ち目のない戦いをしても、何の意味もない。不幸になるだけではありませんか。もとより、過去に舞い戻って選択技を選び直す、あるいは過去の失敗をなかったことにするのも不可能です。

過去の選択はそのときの自分が下したベストな選択だったし、過去の失敗はやり直しがきかないのです。

それに、別の選択をしていた、または失敗をせずに思い通りの選択ができたところで、幸せになっていたかどうかは誰にもわかりません。逆に、ものすごく不幸になっていたかもしれません。

たとえば、東大に合格したとしても、もしかしたら入学したとたんに受験の疲れがどっと出て燃え尽き症候群に陥り、すべてに無気力になって中退していたかもしれません。よしんば社会の中枢で働く場が得られたとしても、残業につぐ残業で心身が蝕《むしば》まれて療養生活を送るハメになっていた可能性もあります。

同級生に悪いヤツがいて、とんでもない犯罪に引き込まれることだって、まったくありえない話ではないでしょう。単に交通事故で死んでいたかもしれません。

その人生を現実に歩んでみなければ、何が起こるかわからないのに、なぜか「仮想の自分」がひどい目に遭うことだけは考えたくないのでしょう。

人は常に「仮想の自分」を「現実の自分」より優れていると考えたがりますが、「仮想の自分」はあくまでも「仮想の自分」。結果的に幸せになるか不幸になるかを、たしかな根拠を持って断じることはできません。

未来を見据えて「いまの自分は最高に幸せだ」と考えよう

これで、「仮想の自分」を考えることがいかにナンセンスかは納得いただけたと思います。ならば、いますぐ「仮想の自分」という物差しを捨てましょう。

そうすれば、いもしない敵に無意味におののくことはなく、また「不幸ないまを招いた自分」を起点に「なりたい自分」を思い描く愚を犯さずにすみます。

だいたいにおいて、過去を悔やむ人は過去の延長線上で未来を考えます。事あるごとに過去を振り返り、「仮想の自分」を描き出しては「いまの自分」と比較して、「もう少し上にいる自分になりたい」と考えてしまうのです。

それではどんな自分になっても、「仮想の自分」対「いまの自分」の戦いを繰り返すだけ。永遠に満足できません。

そんなふうに過去に遡《さかのぼ》って「いまの自分」を不幸だと思いつつ「未来はこうなりたい」と自分の理想像を描くのではなく、未来を見据えて「いまの自分は最高に幸せだ」と考えて欲しいのです。

「そんなこと言ったって、現実にいま不幸なんだからしょうがない」と思いますか？　□

をとがらせて不満顔をしているあなたの顔が見えるようですが、それは断じて間違いです。百歩譲って、本当にいま不幸のどん底にいるような苦しみを味わっていたとしても、幸せな未来が手に入れば、その瞬間にいまのどんな不幸も幸福への状線になるではありませんか。

いまがどんな状況であろうと、未来が幸せならば、いまも幸せなのです。

たとえば、夢を叶えた人はよく、「あの不幸な時代があったからこそ、いまの幸せがある」というような言い方をしますよね？　たいていは口では不幸といいながらも、苦労した時代を楽しそうに語っています。誇らしげでさえあります。

なぜ、不幸を笑って話せるのでしょう？

なぜ、ダメだった自分を恥ずかしがらずにさらけ出し、胸を張れるのでしょう？

それは、本人も気づいていないかもしれませんが、夢を実現した瞬間に昔の不幸が幸福に塗り替えられたからです。

貧乏したことや、なかなか芽が出ずにもがいていたこと、失敗ばかりしていたこと、いじめられたりバカにされたりしていたことなど、当時は「できれば人に知られたくない。隠したい」と思っていた過去が、幸せを手に入れたことによって一種の「勲章」に化けちゃったからです。

ただし、「あの不幸な時代があったからこそ」というのは、ちょっと説明不足のような気がします。というのも、「不幸を経験したから幸せが得られる」、つまり「不幸」が原因で「幸せ」が結果であるわけではないからです。カルトなどでは「現世の苦しみは、過去世の業のせいで、それをいま苦しんでおけば来世は幸せになれる」とまで言います。同じような論理が生まれ変わりというレベルでまで語られます。これらは誤りです。

正しくは、人の目には不幸に見える状態にあっても、それを不幸と思わず、未来を見据えて幸せを模索していた——もっと言えば、未来の幸せに向かういまを幸せに感じていたからこそ、いまの幸せがある、ということです。

この辺りは「時間の流れ」に関する論理を理解してもらえればよりわかりやすくなると思うので、次項で詳しくお話しましょう。

いずれにせよ、いまがどんな状況にあろうと、**未来の幸せを確信して生きている人は、過去の自分もいまの自分も最高に幸せ**なのです。

逆に言うと、いまの自分が最高に幸せでなければ、未来の幸せは手に入れられないということです。

「なりたい自分」になって夢を叶えたいなら、「いまの私は不幸だ」なんてこれっぽっちも思ってはいけません。「自分と比べる尺度を捨てる」、それを肝に銘じてください。

◉時間は未来から現在、過去へと流れる

現在によって過去が変わる

たいていの人は、「時間は過去から現在、未来へと流れる」と考えています。西洋的なユダヤ・キリスト教の伝統的な時間観が影響しているのかもしれません。

それは、「絶対神がビッグバンを引き起こして宇宙を創造し、そこから玉突きをするように次々と因果を起こして現在に至っている」とするストーリーに基づく時間観察です。

これが世界中の人を洗脳したのか、みなさんは「時間は過去から現在、未来へと一方向に流れる」ことを当たり前の事実と受け止めています。

おそらく、本当はその逆で、

「時間は未来から現在、過去へと流れる」

ことなど、想像すらしたことがないでしょう。

この時間観があるから、みなさんは何の疑問もなく、「現在の自分の状況は過去の行動の結果だ」と考えるのです。たとえば、

「一生懸命勉強したおかげで、超難関と言われる名門校に合格した」
「資産家の家に生まれたおかげで、何ひとつ不自由のない暮らしができる」
「仕事で目覚ましい成果を上げたおかげで、同僚の誰よりも早く出世した」
「彼と出会ったおかげで、代議士の妻になれた」
「アメリカで教育を受けたおかげで、グローバル・ビジネスマンとして活躍できる」
「いま苦しんだりたくさんお布施しておけば、来世は幸せになれる」

といった具合に。そうですね？　でも、現実には違います。

一生懸命勉強しても、超難関の名門校に入れるとは限りません。合格した人よりはるかに一生懸命勉強していても、受験に失敗した人は「一生懸命さが足りなかった」と思うでしょう。

同じように、資産家の家に生まれていても、いまの生活に汲々としている人は、資産を有効に使えなかったと悔やみます。相続争いが絶えないかもしれません。

仕事で目覚ましい成果を上げても、出世競争に乗り遅れた人は、成果を評価しなかった会社を恨みます。

代議士の妻の生活に馴染《なじ》めない人は、「将来代議士になるような人と出会ったことがケチの付き始めだ」と思います。

アメリカで教育を受けても、いま職がなくて苦労している人は、「アメリカで自分は何を身につけたんだ」と自己嫌悪に陥ります。

そう、いまの状況によって、過去の解釈はまったく違ってくるのです。もっとわかりやすい例を出しましょう。

あなたがインターネットで宝くじを購入する際、金額を二桁間違えて、一〇〇万円分買ってしまったとします。この時点であなたは「大バカ者」です。自分で思うだけではなく、周囲の人たちからも「バカな間違いをしたなぁ」と憐《あわ》れまれるでしょう。

宝くじは当たらないもの、大金を投じてどぶに捨てるようなものだと相場がきまっているからです。

けれども、その一ヵ月後、「一億円当たっちゃった」とします。すると、「大バカ者」という評価が一転します。

あなたは「自分に何か未来を予見する〝見えない力〟が働いて、宝くじに一〇〇万円を投資したのかもしれない」などと考え、過去のバカな間違いも確信犯的な行為だったように思えてきます。周囲の人たちもあなたに対する見方を「大バカ者」から「強運の持ち主」に変えるはずです。

こうして、「宝くじを間違えて一〇〇万円分買った」という同じ行為が、未来によってまったく違う記憶に塗り替えられます。その塗り替えられた過去が、記憶のなかの過去の解釈になるわけです。

もう、おわかりですね？ **過去と現在の時間因果においては、原因は現在で、結果が過去**なのです。同様に、**現在の結果を決める原因は未来にある**、ということです。よって、「時間は未来から現在、過去へと流れている」とわかります。

過去ではなく未来の因果に働きかける

この時間観は、哲学的には仏教哲学の時間観でもあります。前述したように、仏教では「宇宙は瞬間瞬間で新たに生み出される離散的な存在」だと考えられています。

いまの一瞬が一瞬で消滅すると同時に、一瞬にして次の瞬間が生み出される、という考え方です。

つまり、一瞬でなくなるこの刹那瞬の宇宙（「一念三千」といいます）は、そのまま過去に消えていくことになります。明らかに、時間は現在から過去に流れている、という解釈です。

少々説明がくどくなりましたが、仏教時間も併せて時間の流れを理解すると、「過去の因果で未来は決まらない」ことがすんなりと受け入れられるはず。過去にこだわることが、どれほど無意味かも再認識できるでしょう。

過去の出来事など、その後の解釈でどうにでも変えられるのですから、わざわざ記憶の引き出しから引っ張り出してくることもないのです。

余談ながら、近年は心理学でも過去のトラウマに働きかけることはやめようとする動きが主流になってきたようです。いっとき、「過去の中に抑圧された自我がある人は、そこまで退行させてやると、当時の傷を克服できる」という手法が注目されました。実際、治ることもあったようですが、それは現在の自分が意識して過去の解釈を変えたまでのこと。トラウマに働きかけた結果ではないと、私は見ています。

どのみち、過去はどんどん遠ざかっていくのだから、トラウマに働きかけても意味はないとなったのでしょう。過去の傷を現在に引っ張り出したところで、弊害が出るリスクのほうが高いのです。

ところで、ここからが本題です。過去は放っておいても現在や未来が決めてくれるので、その過去に対しては意識して働きかける必要はありません。大事なのは、未来に働きかけることです。未来には、「過去から現在に至る自分を、一瞬にして幸せの絶頂に導くような出来事」が待っています。未来の自分がどうなるかは誰にもわかりませんが、無限の可能性が広がっていることだけは確かです。

その未来に目を向けて、「なりたい自分」「叶えたい夢」を考える、そういう抽象度の高い思考をするのです。「いまの自分」から時間軸をずーっと先に延ばして「未来の自分」という抽象度をつくって。

すると、「未来の自分」は「なりたい自分」になって夢を叶え、幸せをつかんでいるのですから、その未来から見た「いまの自分」も最高に幸せだということになります。原因の未来を幸せにするためには、現在の自分が幸せでないと困るでしょう? それが、未来に対する働きかけになるのです。

たとえ、いま現在「なりたい自分」や「叶えたい夢」がよくわからない、未来の抽象度でうまく思考できないという人も、**少なくとも「いまの自分」が最高と思って生きればいいのです。**どんな状況にあろうと、そう確信しているだけでも、未来にいい働きかけができます。

さぁ、これにて準備は完了。いつでも「内部表現」を書き換えるトレーニングに入ることができます。

念のため、これまでのおさらいとして、しっかり認識しておいて欲しいことをまとめておきましょう。

①物理的実体としての「自我」は存在しない。他者との関係性のなかで、「他人の目」がつくりだした「これが私」と認識・定義している情報状態に過ぎない。よって、その情報を書き換えれば、自分を変えることができる。

②人間には他と比べられない価値がある。「他人と比べる尺度」「自分と比べる尺度」を捨て、自分自身や社会の目、「仮想の自分」による洗脳から解き放つ。

③時間は未来から現在、過去へと流れる。いまの自分を最高に幸せだと感じることが、未来に対するいい働きかけになる。

以上、三つです。

それでは、次章へ。各種トマベチ流トレーニングの世界へご案内しましょう。

第三章

「二次元人」から「五次元人」へ

抽象度を上げるトマベチ流・七種のトレーニング

◉目標は「五次元人」！

抽象度を上げて、自分の経営コンサルタントになる

本章で紹介する各種トレーニングは、抽象度の高い思考をする「五次元人」になることを目指すものです。

失礼ながら、現時点でみなさんはまだ、二次元空間にへばりついて生きています。目に入るのはせいぜい、自分の目線の高さにある世界だけ。歩いたり、電車や車を使ったりすれば、ある程度の距離を移動することはできるものの、縦方向に意識はいっていません。自分の臨場感世界が地平線方向にしかない、ということです。

これは、ビルなどのちょっと高いところから、下を歩く人々を観察していると、よくわかります。大半の人はまっすぐ前を向いて歩いているか、ときたま車や人の往来を気にして左右を見るか、するだけ。まず上を見ることはないので、上階から見下ろすあなたと「目が合う」なんてことはありません。試しに、観察してみてください。

ただ、時間的には明日のこととか、数日先、数週間先くらいのことなどを気にしているときもあるので、正確には「二・三〜二・五次元人」といったところでしょうか。

自分を外から見て吟味するためには、自分が意識しているこの臨場感世界を、もっと上の空間に広げていく必要があります。

これは、大企業が経営コンサルタントを雇うのと同じ。「外部の目」を入れることによって、なかの人には見えないことがいろいろとわかってくるのです。その意味で、抽象度を上げることは、自分が自分の経営コンサルタントになることでもあります。

そこでまず、「三次元の世界」。これは縦方向に広がる宇宙です。少なくとも、大気圏の辺りまで意識を持っていき、地球温暖化問題や星空のロマンなどに思いを馳《は》せるといいでしょう。自分の視点が縦方向に上がっていくと、それだけ見える世界が広がりますから。

思い切り高く抽象度を上げてごらんなさい。たとえば赤坂の会社で働く人の場合、二次元の世界にいるときは、単に赤坂の会社員でしかありませんが、抽象度を上げるにつれて、「港区の会社員」「東京都の会社員」「日本の会社員」「アジアの会社員」「世界の会社員」と、どんどんテリトリーを広げていくことができます。

現実にどうであれ、抽象度を上げれば、誰もがグローバル・ビジネスマンになれるのです。日に一度は必ず空を見上げ、三次元に生きる自らの魂を取り戻して欲しい。私は常々、セミナーに訪れる生徒たちに言っています。

次に、「四次元の世界」ですが、これは時間方向に広がる宇宙です。「自分が死んでも、時間は続く」という当たり前の事実を認識し、「二〇年後の自分には、どんな家族がいるだろう？」とか「五〇年後、自分の勤める会社はどうなっているだろう？」「二〇〇年後の地球はどうなっているだろう？」といったことを考えるのです。

たいていの人は、自分の生きている間、ひどい人になると自分が定年退職するまでのことしか考えません。だから、目先の利益しか見えなくなるのです。

とくに政治家や企業の経営者は、世界を視野に入れて、五〇年～一〇〇年後まで見通して、いまやるべきことを決めるのが本来です。それなのに、来月の選挙とか、自分の目先の利益しか頭にない人があまりにも多すぎるように思えます。

それが証拠に、企業スキャンダルが相次いでいるではないですか。目先の利益のためにミスを隠し、そろって頭を下げる首脳陣の姿は、みなさんもう見飽きているでしょう？

企業の成長を長い目で見れば、「ミスを犯したら、それを公表して善後策に走る」選択をするのが当たり前。少なくとも、隠蔽《いんぺい》がバレて、企業生命を危うくするほどのダメージを受けることは避けられます。抽象度があまりにも低すぎる。組織の上に立つ人には、少なくとも「四次元人」を目指してほしいのですが。

さらに「五次元の世界」。ここは時空をひとつ超えた抽象度の空間です。「体感を超えた体感」と言いますか、**空間も時間も無限に広がる宇宙にまで抽象度を上げ、それでもなお**

臨場感が得られるなら、あなたは「五次元人」です。

わかりやすく言うと、自分の子どもを愛しく思うのと同じ臨場感で、世界中の子どもたちを、さらには宇宙に生きとし生けるものすべてを、これから生まれてくる命も含めて愛しいと思える人です。

これで、二次元人から五次元人へと自分が変わっていくとはどういうことか、だいたいの感覚をつかめたでしょうか。抽象度を上げると上げた分だけ時空が広がり、異次元世界の住人となれるのです。

ただ抽象度を上げるだけではなく、臨場感を保つことがポイント

私は本を執筆するためにハワイで三ヵ月を過ごしたとき、二週間に一度くらい深夜に二四時間スーパーに出かける他はずっと部屋にこもっていました。周囲の人は「せっかくハワイに来たのに、もったいない。たまには青く澄んだ広い空を見上げたら？　ホノルルの街を歩いたら？　海で泳いだら？　部屋に閉じこもってばかりだと、ハワイに来た意味がない」と揶揄《やゆ》しましたが、私は一歩も外に出ずして十分にハワイを楽しんでいたのです。

なぜなら、私の意識の中では天井の上に広がる空が見えていたし、壁の向こうには海も

ホノルルの街も広がっていたからです。

もちろん、経験的にハワイを知っているからこそ、その仮想世界をリアルに感じ、青空を眺め、街を歩き、広い海で泳ぐ気持ちよさを体感できたわけです。「生まれてから一度も家の外に出たことがない」という人には、いくら抽象度を上げても臨場感が伴わないので、快感を得ることは不可能です。だから、経験は必要です。

この例でわかるとおり、抽象度を上げると言っても、臨場感がなければ意味がありません。単なる空間になってしまいます。そうではなくて、抽象度を上げても、二次元空間で得られるのと同じ臨場感を維持する。それができて初めて、内部表現に働きかけることが可能になります。

いくら内部表現を書き換えたくとも、臨場感が伴わなければ、書き換えられた内容を具体的に理解して記述することはできないでしょう？　そういうことです。

余談ながら、先般、抽象空間をリアルに感じる、すごいパワーの持ち主にお会いしました。それは、角川春樹事務所が製作するＳＦ映画「神様のパズル」の内容についてアドバイスをもらうために、東京大学のＡ教授を訪れたときのこと。彼は惑星科学の第一人者にして地球物理学の専門家です。その彼がさらりとこんなことを言ってのけました。

「君たち地球人にはわからないだろうけど、私はこの目でビッグバンを見たんだよ。すごかったよ」と。

ふつうの人が聞いたら、「何を荒唐無稽《こうとうむけい》なことを」と笑っちゃうか、目が点になるかでしょう。でも彼の専門の地球物理学や惑星科学の世界では、数式などを見るだけで仮想空間をリアルに五感で感じ取れるのです。

宇宙の始まりとされるビッグバンだって、A教授にとっては臨場感のともなう宇宙なのです。すごいでしょう?

閑話休題。抽象度が上がれば上がるほど、物理の制約から離れていきます。その分、内部表現を情報的に書き換えることはたやすくなります。少なくとも、物理空間で働くホメオスタシスのフィードバックから自由になれますから。

逆に、抽象度は高くても臨場感が希薄になると、情報そのものが乏しく記述のしようがないわけです。

ところで、私が先ほどから強調している「臨場感」とは、身体性を持って抽象度の高い情報空間を感じることです。

たとえば、情報空間でオリンピックの二〇〇メートル走に出場した自分を考えたときに、現実に走っていなくても同じように足を動かし、息を切らせて走っているように身体性の感覚がある、ということです。

また、その臨場感がなぜ重要かというと、大量のドーパミンが出るからです。脳内の快楽物質であるドーパミンの本質は、人に対して運動を起こすよう作用することです。行動の動機として作用する脳内伝達物質とも言えます。したがって、ドーパミンは究極的には運動ホルモンなのです。

つまり、臨場感によりドーパミンが出ると、脳のなかで筋肉を使わずにリアルに運動をしていることになります。それを五感がちゃんとキャッチします。ドーパミンが出ればそれだけ思い通りに自分を操って内部表現を書き換えることができるのです。

その意味では、座禅をしている僧はじっと座っているだけのように見えますが、実は瞑想《めいそう》（抽象思考）をするなかで脳内に大量のドーパミンを放出し、思い切り運動しているわけです。

ちなみに、ドーパミンは性行為を一〇〇パーセントとすると、おいしい食事で五〇パーセント、アルコールで二〇〇パーセント、ヘロインで三〇〇パーセント、コカインで四〇〇パーセント、アンフェタミンで一〇〇〇パーセント、ＬＳＤで三〇〇〇パーセント出るとされています。では瞑想をするとどのくらい出ると思いますか？

なんと一〇〇〜二〇〇〇パーセントは軽く出ちゃうのです。その昔、オウムの上祐史浩氏が「瞑想はセックスより気持ちいい」と言っていましたが、そんなことは当たり前。

ヨーガをやっている人なら誰でも、体験的に知っています。

LSDが「インスタント・ヨーガ」と呼ばれたのも、ヨーガのように苦しい修行をしなくても気持ちよくなれるからです。

ということは、ヨーガをやれば、抽象度を上げていくことができることになります。ただ、長時間瞑想をするための体をつくる準備運動でもあるハタ・ヨーガに始まって、次に長時間座って頭のなかで身体性、臨場感を上げていく訓練としてクンダリニー・ヨーガをやり、さらにラージャ・ヨーガという瞑想のヨーガに進む……といったプロセスを経なければいけないので、本気でやろうとすると一〇年、二〇年かかってしまいます。

それでは、時間がかかり過ぎ。本書では、長時間の瞑想をしなくても、抽象思考ができる方法をご紹介します。

経験と知識と想像力をフル稼働させよう

臨場感を上げるうえで、経験と知識が豊富であればいいことは言うまでもありません。先のハワイの例でもわかるように、いかに臨場感を上げて抽象思考しようとしても、まったく知らない世界のことは認識できませんから。

けれども、知識・経験が少ないからといって、悲観することはありません。人間は「ゲシュタルト能力」という、知らない事象でも類似の知識・経験を駆使して想像する能力があります。

たとえば、ハワイに行ったことがなくても、伊豆の海で泳いだ経験や、テレビ・雑誌等のマスメディアを通して仕入れたハワイの知識があれば、十分に臨場感を持って「ハワイにいる自分」を抽象思考することができます。

また、初めて食べる料理であっても、自分が知っている素材を使っていれば、どんな味になるかがわかったり、においから以前の〝おいしい体験〟の記憶が呼び起されたりすると、その料理を見ただけで生唾《なまつば》がわいてきます。

そういった体感がともなうのは、臨場感が維持されている証拠。より高い抽象度で自由に自分を操作するためには、知識・経験を豊富に積む一方で、想像力を駆使して臨場感世界を広げる努力をしてください。

知識と経験を想像力、これら三つをフル稼働させることが、より質の高い抽象思考をする一番のコツです。

準備運動① 逆腹式呼吸

心身を思い切りリラックスさせて、物理空間の縛りから自らを解き放つ

いよいよトレーニングに入りますが、最初に習得すべきは、準備運動として必要な呼吸方法です。これは基本中の基本。心身をリラックスさせ、物理空間の体感を切り離すことが目的です。

なぜ呼吸かというと、呼吸は人間の生命維持に必要なホメオスタシスのなかで最も重要であるにもかかわらず、意識でコントロールできるからです。

とくに訓練をしなくても誰もが簡単に、呼吸を少しの間止めたり、速度を変えたりすることができますよね？　だからこそ、意識をホメオスタシスに介入させる窓口として、呼吸は非常に利用しやすいのです。

すでに述べた通り、内部表現の書き換えとは、負の現状を維持するよう働くホメオスタシスに介入して、自分が思い通り行動できるように新たな情報を記述することです。呼吸を使うことで、心身を思い切りリラックスさせて抽象度を上げつつ、そこで意識を働かせることが容易になるのです。

たとえば、何か緊張する出来事を前にしたとき、ちょっと深呼吸するだけで気持ちが落ち着いた、というような経験をしたことがありませんか？　そうして気持ちが落ち着けば、緊張によりパニックに陥っていた脳が活動し始めます。「頭のなかが真っ白」という状態から抜け出して、自然と自分がどう行動すべきかを冷静に考えられるようになるのです。

ようするに、物理空間でさまざまな縛りを受けている心身を緊張から解き放ち、さらに頭を思考力がフル稼働する状態に持っていく。そのために呼吸が有効だということです。

このことをちょっと専門的に言うと、呼吸は「Rをゆらがせる」うえで重要なカギを握るものだということです。

と言っても、何も難しくはありません。自分の体に意識を向けることを「Rゆらぎ」といいます。Rは現実世界。そのRに意識を向けると、その瞬間にRではなくなります。現実世界をありのままに感じているところに意識を向けると、自分の意識という認識が介入するから、Rではなく、Rゆらぎになるのです。

たとえば、目の前にとてもきれいな女性がいたとします。彼女について何も考えず、何も感じなければ、それはRです。でも、「きれいだな」とか、「誰だろう？」とか、少しでも何かを考えたら、Rゆらぎになります。

通常、私たちは何かを見たり、聞いたりして、何も考えないことはありえません。禅の高僧なら、無我の境地を持続できるかもしれませんが、ふつうの人はすぐに雑念が入ります。だから、たいていはRゆらぎの意識状態にあると言っていいでしょう。

そのRゆらぎの状態が、呼吸を意識にあげることによってより明確につくりだせるわけです。

抽象度を上げる際に同時に臨場感を上げていくためには、Rをゆるがせなければなりません。そのために、呼吸を使って、リラックスとゆらぎの二つを得る必要があるのです。

息をゆっくり吐き出す。ただそれだけ

呼吸法はとても簡単です。まず、ふだんは無意識のうちに行っている呼吸を、意識のうえに引っ張り出してください。そして、意識して深呼吸する要領で、

「逆腹式呼吸」

を行います。つまり、

「お腹をへこませながら息を吸い、息を吐き出すときにお腹を膨らませる」

のです。これは言うまでもなく、息を吸うときにお腹を膨らませて、息を吐くときにお腹をへこませる「腹式呼吸」の逆パターンです。

息を吐くときにとくに、意識をお腹に向けて筋肉を緩めていくのがコツです。と言うのも、筋肉は息を吸うときには自然と緩みますが、吐くときは意識してやらないとどうしても緊張してしまうからです。

息を吸うときは、ほとんど気にしなくても大丈夫。息を吐き続けて、吸うのを忘れてしまう人はいないので、ゆっくり吐き出すことだけに集中してください。

そうして筋肉を弛緩《しかん》させれば、息を吸っても吐いても、うまく全身の筋肉がリラックスしていきます。やがて、物理空間からふわっと遊離していく感覚が得られるはずです。

その際、呼吸は鼻からでも、口からでも、やりやすいほうでＯＫです。ただ、空気といっしょにばい菌を肺まで吸い込まないようにするためには、鼻で吸って、口から吐き出すのがベストでしょう。

どのくらいリラックスすればいいかの目安は、片方の手でもう一方の手首の辺りをつかんで水平になるくらいまで持ち上げてパッと離してみたときに、自然とストンと下に落ちるかどうか。すぐにだらりと手が下がるようなら、十分にリラックスできています。

そうではなくて、すぐに下に落ちなかったり、ぎこちない動きをしたりするようなら、まだ筋肉が十分に弛緩していない状態なので、もうしばらく逆腹式呼吸を続けてください。

慣れないうちは、リラックスするまでに少々時間がかかるかもしれませんが、回を重ねるにつれてその時間は短くなります。すぐに、二呼吸くらいでリラックス状態に入れます。

準備運動② 自分の得意なモーダルチャンネルを見つけよう

内部表現の書き換えは、自分の得意なモーダルチャンネルと抽象度で行う

各種トレーニングに入るには、自分の得意な感覚と抽象度を見つけておく必要があります。あなたが目指すのは、自分のイメージを広げながら抽象的な作品をクリエイトする芸術家のような思考を身につけることです。

内部表現の書き換えは、自分の得意な抽象度で行うのがベストです。そこでリアルな体感を維持・強化しながら臨場感を上げていけば、あとは脳が自動的に操作できる空間を外の抽象度にまで広げてくれます。

ただ、脳に任せっぱなしだとバカな解釈をして勝手に広げていきかねません。想像力を働かせるのはいいのですが、臨場感というブレーキをかけておかないと、それが単なる空想・妄想になってしまう危険があるのです。意識的に「次はこの抽象度」とターゲットをつくりこむことが必要になります。

だから、自分の操作できる抽象度を見つけ出し、そこで臨場感を上げながら、それを他の抽象度に広げていかなくてはなりません。

もっとも、自分の得意な抽象度と言っても、みなさんは「何、それ?」という感じかもしれません。ようするに、自分が一番慣れ親しんでいる五感のどれかを使って想像力を膨らませていく過程で、最もイメージしやすいレベルの抽象度と捉えてください。

得意な感覚を利用して、どんどん想像力を膨らませていく感じでできるので、トレーニングといえども結構楽しいものですよ。それを以下二つのステップで発見しましょう。

あなたはどの感覚が鋭い人ですか?

ステップ1 自分は五感のどれが鋭いか——モーダルチャンネルを見つける

イメージの入出力を担うのがモーダルチャンネルで、目、鼻、口などの感覚器官がそれに当たります。

平たく言えば、自分は「視覚人間」なのか、あるいは「聴覚人間」「触覚人間」「味覚人間」なのかを自己分析するのがファーストステップです。これらの感覚に加えて、人間は文字を発明したので、「言語型人間」の人もいます。

そういった感覚を使って仕事をしている人は、当然その感覚に秀でているわけですから、そこがモーダルチャンネルになります。画家なら視覚、音楽家なら聴覚、物書きなら言葉でしょう。

ただし、大半の人はそこまで特化した職業についていないし、たとえば放送作家は視覚なのか言葉なのかが判然としないなど、自分でも何型人間なのかがよくわからない場合も多いと思います。ここはやはり、自分は何が得意なのかを改めて調べてみる必要があります。

方法は簡単です。ふだんからちょっと気をつけて、自分がどんな表現をよく使うかを思い出してみればいいのです。たとえば、一皿の料理を前にして、おいしそうだと思うとき、あなたはそれをどう表現しますか?

「わぁ、きれい!」

という視覚なのか、

「ん〜、いい香り」

と嗅覚《きゅうかく》から入るのか、

「肉の焼ける音がたまらない」

と聴覚が刺激されるのか、それとも経験的な味覚から、

「こういう味だ」

と予測して興奮するのか、そういうことを思い出すのです。

また、自分が経験したことをわかりやすく伝えようとするとき、どんな比喩《ひゆ》を使うのかを考えてみてもいいでしょう。同じ映画を見ても、面白さを視覚的にキャッチする人、音で感じる人、台詞《せりふ》に反応する人、においを連想する人、さまざまです。そのどれかに敏感なのかで、自分が何型の人間であるかがわかります。

それでもわからない人は自分がふだん何げなく人と交わしている会話を録音してみてください。一〜二時間も録音すると、無意識のうちに選択している用語がたくさんあることに気づくはずです。

英語で言うなら「it looks like〜」「it feels like〜」「it tastes like〜」など、人は同じことを言うにも、動詞で比喩的に使い分けているもの。テープを聞けば、自分はそのうちどんな表現を好んで使っているか、簡単に再確認できるでしょう。

ステップ2 現実の物から抽象度を上げながら、どこまでその物の実体を感じていられるか

臨場感が保てるギリギリのところに、得意な抽象度を見つける

そうして得意なモーダルチャンネルを見つけたら、次は臨場感を高めながら、自分の得意な抽象度を見つけることをやってみましょう。まずは、現実に目の前にある物を見たり、触ったりして実体を感じたら、得意なモーダルチャンネルの体感を選んでその体感を強化していきます。意識というのは物から離れていくにつれて、実体をつかみにくくなるものですが、自分の得意な五感はけっこう維持されます。

たとえば、子どものころに犬に噛みつかれて、かなり「痛い」思いをした人は、何年経っても、犬を想像しただけで、あたかも現実に噛みつかれたかのように、その痛みが甦るものです。目の前に犬がいなくても、意識がどれだけ犬から遠ざかっていても、痛みとともにリアルに犬を感じることができるわけです。物から抽象度を上げてなお、リアルな体感があるというのは、そういうことです。これは特に自分の得意なモーダルチャンネルで顕著です。

とりあえず、机でもコーヒーカップでも何でもいいから自分の周囲にある物を使って、

自分の得意なモーダルチャンネルで臨場感を出してみてください。机を使うなら、目をつぶって机を思い浮かべ、モーダルチャンネルに応じたイメージを言葉で記述していきます。言葉を使うと、臨場感をより強く出すことができるのです。

この場合、たとえば視覚型の人は素材の色から「きれいな木目」というイメージを導き出すかもしれません。触覚型の人は素材感から「温もり」、聴覚型の人は机をたたいたときの音から「くぐもった低音」、嗅覚型の人は森林を連想して「心安らぐにおい」といったところでしょうか。

いずれにせよ、机に対する感覚を言語化して、そのイメージを強めていったとき、それが色やにおい、感触、音であっても、あたかも机を見ている、触っている、音を聞いている、においをかいでいるような臨場感が出てくるはずです。そのうえで少しずつ感覚の抽象度を上げていきます。これは表現する言語、概念の抽象度を上げていくことで実現します。その臨場感を維持できるぎりぎりのところ、そこがあなたの得意な抽象度です。

どうでしょう？　自分の得意なモーダルチャンネルと抽象度をうまく見つけ出すことができたでしょうか。「わかったような、わからないような……」という感じの人も多いと思いますが、それでけっこう。「何となく」程度にわかるだけで十分です。

物理空間にある物を、五感によってイメージ化しただけで、物から体感だけが切り離され、抽象度がひとつ上がっているはずですから。

言うまでもなく、人間なら誰でも物理抽象度で最も高い臨場感を出せます。なので、「一番得意な抽象度は?」と尋ねられれば、誰もが「物理抽象度」と答えざるをえません。

しかし、**抽象度の最も低いここ、物理抽象度で内部表現を書き換えようとすると、ある特定の状態を永続的に維持したいホメオスタシスの強烈な反発があって、うまくいきません。**何とか書き換えができても、すぐにホメオスタシスのフィードバックで書き戻されてしまうのです。

だから、内部表現の書き換えは物理空間におけるホメオスタシスのフィードバックから自由になれる、物理抽象度よりひとつ上の抽象度で行う必要がある。そのために、自分の得意な抽象度を見つけなければならないのです。

準備運動③ 自分を中心とする世界に、整合的な地図をつくろう

第三に必要な基礎訓練は、自分の宇宙の中に散在している知識・知能を縦横無尽に結び付けて、整合的な地図をつくるトレーニングです。

なぜ、本トレーニングが必要かと言うと、思いのままに情報を操作できるように、目の

前にある情報の断片から広がる宇宙を整合性のあるものにしておく必要があるからです。

これは、欲しいものを欲しいときに自在に取り出せるように、部屋を整理しておくことと似ています。部屋が雑然として、何がどこにあるのかわからない状態だと、目的の物を見つけるのにとても苦労するでしょう？　部屋の模様替えだって大変です。

でも、自分の行動・思考パターンに合わせて物を有機的に結びつけて部屋を整理しておくと、欲しい物をすぐに取り出せるし、いつでも自由に物を移動させて簡単に部屋の模様替えをすることもできます。

ようするに、自分を中心とするネットワークを、整理・整頓の行き届いた部屋のように整合性のある状態にしておくこと。それによって、ネットワークを構成するあらゆる情報を、自由自在に操ることが可能になるわけです。

本トレーニングは、その他のトレーニングの基礎トレーニングとして非常に役立つので、ぜひトライしてください。

まず、「水」「空」「風景」という三つの基本概念についてそれぞれ、三つの概念を思い浮かべます。「水」なら「海」「川」「湖」、「空」なら「晴れた空」「曇り空」「雨模様の空」、「風景」なら「自宅周辺の風景」「会社のある街の風景」「好きな風景」、といった具合です。

そのときに重要なのは、単に連想するだけではなく、体感を持って思い出すことです。

たとえば、「波に襲われて、しょっぱい海水を思い切り飲んでしまった、あのときの海」とか、「抜けるように青い、ハワイのあの空」「最近登った山の、あの紅葉が目に鮮やかな風景」というように、記憶から概念を引っ張り出してください。

と同時に、自分の得意なモーダルチャンネル、つまり目、鼻、耳、口などの感覚器官ではっきりとその概念を感じてください。

そして、その体感がどこからわいてきたかを、しっかり覚えておきましょう。たんに、目の前にある海や空、風景を見るときと、記憶をたどって思い出すときとでは、体感が出てくる場所がずれているのです。

次に、体感を持って思い出したそれぞれの概念を、「水」は「水」、「空」は「空」、「風景」は「風景」としてまとめていきます。

あのときの海」と、「子どものころに魚釣りをした、あの流れの速い川」「恋人とボートに乗って遊んだ、あの湖」という三つの概念を引っ張り出したなら、それぞれの体感を思い出しながら、「水」の概念に結び付けていくのです。

この作業は、思い出のあるさまざまな事象を動かして、概念のネットワークに取り込んでいくためのもの。自ずと、情報を操作する能力を訓練することができます。

こういった訓練を重ねると、ふだんから、何を目にしても、その概念を自動的に整合的なネットワークに取り込んでいけるようになります。

さらに、能力が上がったら、ひとつの概念をつかんでぐーっと移動させてみてください。このワザは、ネットワークの最適化を図るときに有効であることに加え、まったく新しい視点から物事を見るうえでも役立ちます。

こうして、自分を中心とする世界に知識・知能の整合的なネットワークを構築すると、情報の操作能力はぐんぐん高まります。〝頭の体操〟をするような気持ちで、気軽に取り組んでいただきたいと思います。これにて準備完了。次は抽象度を上げるトレーニングです。

◉脳の情報処理能力は無限大！　抽象度を上げるトレーニング

抽象度を上げるトレーニングには、「過去の情動を利用する方法」と「縁起に働きかける方法」の二種類があります。前者が二次元から三次元、後者が四次元から五次元の抽象思考を訓練するためのものです。

抽象度アップトレーニング①　過去の情動を利用する方法

あなたにとって思い出深い出来事は？

このトレーニングは、あなたが過去に経験した出来事から情動――嬉しい、楽しい、気持ちいい、痛い、悲しい、苦しいなど――を引っ張り出して、その臨場感を強化しつつ、感覚的な言葉に記述し直すものです。

喜怒哀楽のあらゆる情動で試すといいでしょう。「マイナス感情でもやるの？」と驚く方もいると推察しますが、抽象度の高い空間で臨場感を持ってさまざまな体感を得られるようにする訓練なので、多彩な情動でやったほうが効果的なのです。

実際、私は医師を対象とするクラスでは必ず、「痛い」という情動を使って指導しています。みんな、悲鳴をあげて、のた打ちまわっていますが、それでいいのです。医師なのに、痛みを他人事のように思って仕事をされては困ります。

ただし、深いエピソードにからむ情動を使うことは、あまりお勧めできません。たとえば、「気持ちいい」という情動を恋人とのセックスから引っ張り出すような場合、その恋人と別れたとか、思い切りつらい目に遭わされた、なんて後日談が絡んでいると、「気持ちいい」という情動だけではなく、「悲しい」とか「苦しい」「つらい」「恨めしい」など、余計な感情もくっついてきて混乱してしまうのです。単純な「気持ちいい」とか「嬉しい」とかの情動だけを再現してください。

記憶から過去の情動をできるだけ正確に再現するときには、特定の具体的な場面であればあるほど臨場感は上がるものの、別の情動もいっしょに起きる可能性が高いので、注意してください。基本的には、たとえば、

「自転車で転んだときのことを思い出しながら、思考を痛みだけに集中させる」

とか、

「初めて鉄棒で逆上がりができたときのことを思い出しながら、思考を喜びだけに集中させる」

「子どものころに飼っていたペットが死んで、お墓をつくってあげたときのことを思い出しながら、思考を悲しみだけに集中させる」

といった具合に、情動そのものだけを引っ張りだすのがベストです。以下、トレーニングの手順を説明します。

ステップ1　過去の思い出から喜怒哀楽の情動を甦らせて体感を引っ張り出す

先に述べたように、過去の出来事から喜怒哀楽の情動を思い出したら、今度はそれを五感で受け止めて、リアルな体感として感じてください。

何も難しくはありません。楽しければ身も心も弾みます。おもしろくて笑い転げるようなときは、お腹が苦しくなります。悲しいときには、目頭が熱くなったり、頬を伝う涙の生温かさを感じたりします。苦しいときは息が詰まったり、動悸《どうき》が速くなったりします。

このように、情動はすべからく、何かしら体感をともなうものです。

ステップ2　体感を少しずつ強化する

人間の無意識はあまり賢くないので、いきなり「体感を二倍にしなさい」と求めるのはムリです。でも、一割増しくらいなら、簡単にできます。

本段階で体感を強化するときは、ステップ1で引っ張り出した体感をまず一割増し、それができたらさらに一割増し、といった具合に強めていきましょう。じきに二倍くらいに強化できます。

なぜ二倍かと言うと、そのままの体感では抽象度が低過ぎて、ステップ3の操作がしにくいからです。体感が一割増しになった瞬間に、抽象度がひとつ上がるので、二倍くらいになると体感はかなり抽象化されます。それだけ、モーダルチャンネルを使った情報にマッピングしやすい、ということです。

ステップ3 芸術家になった気分で、体感を色や絵、音、触感などで表現する

強化した体感を次は、たとえば視覚型の人なら色や絵、映像、聴覚型なら音、嗅覚型ならにおい、味覚型なら味、触覚型なら皮膚感覚、といった具合に、書き換えてください。こうして情動を五感の情報に変えると、また抽象度があがります。

この書き換えに決まりはありません。たとえば、「痛いという情動は赤に書き換える」とか「喜びはバラの香り」「苦しみは汗のにおい」「楽しさはピンポンの音」「悲しみは濡《ぬ》れた綿の肌触り」など、自分が感じるままに書き換えてください。ちょっとした芸術家気分に浸れます。

ここでのポイントは、臨場感を維持していること。五感のモーダルチャンネルを使って記述してもなお、もともとの情動の臨場感が保たれていなければなりません。大丈夫、たいていは維持できます。

先の例で言うと、「赤い色を思い浮かべると、痛みを感じる」「バラの香りを想像すると、喜びの気持ちがわいてくる」「汗のにおいを感じると、心が苦しくなる」「ピンポンの音を

イメージすると、身も心も弾んでくる」「濡れた綿の肌触りを思い出すと、悲しくなる」といった感じで、臨場感と五感による書き換え情報がちゃんとリンクします。

これら三段階を踏めば、抽象度を上げるトレーニングとしては有効です。余裕が出てきたら、ステップ3の状態でさらに、臨場感を一割ずつ強化していくといいでしょう。色をどんどん濃くしたり、香りをきつく、音を大きく、触感を強くするだけで、簡単にできます。そうすることによって、より抽象度の高い世界で書き換えができる〝体質〟を身につけることができるのです。

一日五分のトレーニングで、世界が立体的に見えてくる

過去の情動を利用したこのトレーニングは、一日五分程度で十分です。長時間トレーニングをすることよりも、習慣づけることのほうが大切です。毎日五分くらいがんばってみてください。

すると、遅くとも二～三ヵ月で、早い人なら三日で、自分の周囲の世界が立体的に見えてきます。

「わざわざトレーニングをしなくったって、世界は立体的に見えるじゃん」と思いますか？　それは勘違い。たいていの人は、たとえば誰かといっしょにいるとき、相手と自分の間に空気があり、頭上には空が広がっていることを忘れています。互いが平面世界に住んでいるかのように、錯覚しているものなのです。

でも、トレーニングをするとまったく違う景色になります。自分は内部表現という抽象空間に住んでいることが実感され、ひとつ上の視点から世の中を見ることができるのです。だまされたと思って、ぜひトライしてください。間違いなく、世界が変わります。

抽象度アップトレーニング②　縁起に働きかける方法

物の過去を想像しましょう

抽象度を上げるトレーニングのバリエーションとして、もうひとつ、「縁起に働きかける」方法を紹介しましょう。内部表現の書き換えは、縁起に働きかけることでもあります。

なぜなら、書き換えはまさに「次の宇宙ができる刹那瞬に、自分の思い通りの宇宙を生み出す」ことだからです。

すでにお話ししたように、縁起とは内部表現におけるすべての関係性のこと。そこに働きかけるということは、天台哲学で言うところの「一念三千」——過去・現在・未来のすべてが凝縮された世界にアクセスし、書き換えを可能にすることでもあるのです。

このトレーニングは抽象度を高めるなかでもとくに、時間軸・抽象度軸の臨場感を上げるもの。四次元・五次元の抽象思考を鍛えることができます。その方法は以下の通りです。

ステップ1　物はどうやっていまここにやってきたのかを、想像まじりに考えてみる

人は物を見るとき、単に光の反射として認識しているだけです。けれども、周囲にある物にはすべて、歴史があります。

その歴史は、いま物がここにあるという瞬間が、どんどん過去へ流れて集積されたものです。言い換えれば、物は過去に向かって延々と、縁起を形成しているわけです。

現在の縁起から遠のいていきながらも、しっかりと維持されているその縁起を、想像を交えながら考え、感じ取るのが本トレーニングの第一段階です。

たとえば、本棚を見てください。いろんな過去が想像できます。

それはいつごろ、どのようにしてあなたの部屋へやってきたのでしょう？

最初はどんな本が並んでいましたっけ？

本の顔ぶれはどう変化してきたでしょうか？
本棚はどこで手に入れましたか？
本棚はどこでつくられたものですか？
素材の木はどこの森で伐採されたのでしょうか？

そういった本棚の歴史について、自分が知っている限りの過去を思い出し、さらに知らない過去については想像してみるのです。

あるいは、本の一冊にフォーカスしてもいいでしょう。一冊の本を中心とする世界には、著者や編集者、デザイナーなどが「どんな内容にしようか」「タイトルは何にしよう」「カバーのデザインはどうしよう」「出版日はいつにしよう」などとやりとりしたすべての過去が包含されています。

対象とするのは、自分がリアルに過去を呼び起せる物なら何でもOK。歴史を彷彿《ほうふつ》させるだけの経験や知識がなければ、グーグルで調べてから行ってもかまいません。

物のルーツや由来を調べたり、想像してみたりすることは、なかなか楽しいものです。

普段はそんなことを気にかけたことがないでしょうから、身の回りのいろいろなもので試してみてください。一日につきひとつの物でこのトレーニングを行うと、抽象度を上げることだけではなく、知識を広げることにも役立つでしょう。

ステップ2　物の歴史に感情を結び付ける

ひとつの物に対して歴史をイメージしたら、次はそこに喜怒哀楽の感情を乗っけます。と言うと難しそうですが、物にはいろいろな思い出があるはず。それを記憶から呼び出して、どんな気持ちになったかを思い出してみればいいのです。

たとえば本棚なら、角で頭をぶつけて痛かったこととか、誰かに「いい本棚だね」と褒められて嬉しかったこととか、真夏の暑い日に汗をかきながら自分で組み立てて完成させたときの喜びなど、いろいろあるでしょう？　とにかく、物とそれに関連した思い出から、体感を引っ張り出せばいいのです。

ステップ3　体感を強化し、それを色や絵、音、触感などで表現する

ここは、「過去の情動を利用する方法」のステップ2～3と同じ。体感を少しずつ、二倍程度にまで強化し、それを自分の得意な感覚で記述し直します。

ステップ4 複数の物を同時に感じる

以上を、「部屋にある家具すべてを使って、やってみるぞ！」くらいの勢いでトレーニングしてください。

「今日は机、明日は椅子、明後日はパソコンで、その次はソファ、テレビ……」という具合に、日々のトレーニングメニューとして組み込むといいでしょう。

そうして家具を制覇したら次は、同時に複数の物を感じる練習です。三つくらいから始めて、だんだんに数を増やしていきます。最終的には、家具すべてに歴史という厚みと情動が乗っかり、パーン！と一度に感じられるようになります。それも、色や音、におい、感触など、自分の得意な感覚が重なり合って見える感じ。なかなか壮観ですよ。

ここまで到達したら、トレーニングは大成功！　自分が完全にコントロールできる抽象空間をつくりだしたことになります。

具体的な書き換え方法についての説明は次章に譲りますが、この抽象空間にガツンと「自分はこうなりたい」という絵を描いてやると、そこに新たな縁起が結実するわけです。

精神的自由を獲得!

これら二つのトレーニングを重ねていくと、常に世界が立体的に見えるようになります。イメージ的には、ひとつひとつが縁起として存在する周囲の物すべてが、それぞれ時空に広がる自らの宇宙を丸ごと引き連れて、自分の宇宙に飛び込んでくる、といった感じでしょうか。

そうなると、すべての物を自分の内部表現の〝住人〟として支配することができるので、精神的に完全に自由になれます。

これからトレーニングを始める人は、「そんなにたくさんの物の奥の深い宇宙を五感情報として記述して、しかもすべてを同時に思い浮かべるなんて離れ業が、果たして自分にできるのだろうか」と不安を覚えているかもしれません。

文字だけ追っていると、そんな気分になるのはわかります。しかし、それは杞憂《きゆう》というものです。人間の脳の情報処理能力というのは、シリアルなボトルネック、つまり情報を直列でつなげているタガさえはずせば、すぐに無限大に大きくできるのです。

脳にはもともと、千数百億の脳細胞が超並列的に働いて、大量の情報を同時に処理する機能が備わっています。あなた自身、テレビを見ながらご飯を食べ、しかもお天気を気にしたり、仕事のことを考えたりなど、無意識のうちに並行していろんなことをしているでしょう?

それに、心臓も肺も胃も腸も、体じゅうのありとあらゆる臓器・器官はどれも、あなたが何に熱中していようと、「動くのを忘れた」なんてポカは犯しません。

だから、すべての物を光の反射だけではなく、縁起が張り巡らされた宇宙として同時に感じることくらい、簡単にやってのけてくれます。

人はなぜか、わざわざシリアルなボトルネックをはめるように、自分を訓練してきてしまったのではないでしょうか。

本書で紹介するトマベチ流トレーニングは、そのボトルネックを外すものでもあるのです。

◉上級者向け、IQを上げるトレーニング

情報の断片から、全体を見晴らす「直観力を磨く」

抽象度を上げるためにはもうひとつ、「上級者向け」のトレーニングがあります。

これはＩＱを高めるためのものです。

なぜＩＱの高さが求められるかと言うと、内部表現を書き換えるなど、抽象空間で情報操作をする際には、無意識のうちに全体像を身体的に感じて、複数のことを同時進行で考えながら、瞬時に自分オリジナルの考えを導き出すことが必要だからです。

たとえて言うなら、複雑に絡まり合った何万本もの糸のなかから、あれこれほぐす手間をすっ飛ばして、直感的に目的の一本をつまみ出す、という感じでしょうか。ＩＱが高いと、糸の複雑な絡まり合いも整合的な宇宙に映り、そこで糸をほぐす操作を体感しながらも、欲しい糸だけが浮き上がって見えるわけです。

魔法なんかではありません。たとえば将棋でも、名人となれば頭の中に五手、六手先、いやイメージ的にはあたかも最後まで読んでいるかのような空間が広がっています。そのなかで無意識的に勝負の展開についての無数のケースを想定しながら、自分の指す手を決めているのです。

これも抽象空間で高いＩＱを発揮しているからこそ、できることです。チェスと違って獲った駒をまた盤面に戻せるのでおそらく、将棋の勝負のパターンはスーパーコンピューターでも事実上計算しきれないくらいの計算量になるはず。それを名人は、抽象度を上げることによって格段に少ない計算量にし、驚異的なスピードでやってのけてしまいます。

このように、ＩＱとは一言で言えば、情報空間における操作能力――抽象度の高い空間で、五感をともなう身体的な操作ができる能力を意味します。

少ない情報からその千倍、万倍もの整合的な宇宙を広げ、そこでいかに臨場感を体感し、思いのままに情報を操作できるか、ということがＩＱの指数になります。**わかりやすく言えば、それは「直感力」のようなもの。**長嶋茂雄元監督が備えている〝カンピューター〟のような機構を、脳のなかにつくることでもあります。

アメリカで経験した「抽象空間におけるIQ勝負」

ＩＱに関して正しく理解してもらうために、もう少し、私自身が経験したエピソードをまじえて説明しましょう。

ＩＱがある程度高い人間同士の間では、「情報の断片に触れただけで、相手の宇宙全体を理解する」、というようなことがよく起こります。

たとえば、私がカーネギーメロン大学で、「Efficient Unification for Natural Language（自然言語の効率的な単一化）」というテーマの博士論文を書いたときがそう。コンピュータによる文法解析に使うグラフを単一化するためのプログラムとして「計算量の複雑性がnのアルゴリズム」を思いつき、「これはいける！　すごい発見だ」と指導教授のところへ飛んでいきました。

難しい理論はさておき、グラフの単一化については一九八八年にウォルベルスキーという天才が「高速アルゴリズム」を発見していましたが、計算してみると、通常でn・lognワーストではn^3になるのです。そこで私はワーストでも「nのアルゴリズムを考えよう」と挑戦していたのです。nの3乗とnでは、コンピュータに課す計算量がまったく違うので、このときの私の思いつきはすごい発見になる可能性があったのです。

もっとも、教授のところへ走った時点ではまだ、アルゴリズムが出来上がっていたわけではありません。証明抜きで、いわば直感的に発想した数式の断片があるだけでした。それなのに教授は、私がちょろっと話したその瞬間に、「おっ、いけるよ、それは！」と叫んだのです。

こんなふうに、数学のような整合性のある宇宙では、証明という煩雑な手間を一跨《また》ぎにして画期的発見をすることがあります。教授と私の脳には、同じ宇宙があったし、その抽象空間で情報操作をすることができるＩＱを持ち合わせていた、ということです。もちろん、論文にするためには証明が必要ですから、私も苦労してアルゴリズムのデータ構造を説明し、「こんなに速く計算ができるんだよ」という実証データまで添付して提出しました。

また当時、日本の政府プロジェクトATR（国際電気通信基礎技術研究所）において実際に大規模機械翻訳システムとして使ってもらったので、そのデータも引用しました。

このアルゴリズムはその後、「トマベチ・アルゴリズム」と名づけられ、発見した一九九〇年以来、いまだに「世界最速」の地位を維持しています。

もうひとつ、IQに関わるエピソードを紹介しましょう。

アメリカの大学院などでは、自信のある学生は最初の授業のとき、「あなたの授業はもう必要ありません」と宣言して、教授に挑戦するという伝統があります。この宣言をすると、教授は学生を試験するのですが、その試験がまさに「抽象空間におけるIQ勝負」のような感じです。

教授は軽く二～三の質問を投げかけるだけ。それに対する学生の答えを聞けば、瞬く間に「この学生は私の授業を受けなくても大丈夫」か否かを判断できるのです。理解度を問うというよりも、抽象空間におけるIQのレベルを測る試験のわけです。それをクリアすれば、授業に出ずして黙ってAをもらえます。

実は私にも、教授に挑んだ経験が何度かあります。とくに印象深いのは、大学院一年生のときにアラン・パリス教授に挑戦したことです。LISPというプログラム言語のコンパイラを設計構築する授業でした。

私はすでにコンピュータのプログラム言語に習熟していたので、テキストを一読しただけで内容を理解し、その授業は自分には不要と考えました。それで、「あなたの授業には出ないぞ」と宣言し、「ＯＫ」をもらったのです。

そのこと自体は「抽象空間におけるＩＱ勝負」により能力が証明されたのでいいのですが、いまではその挑戦をしたことを後悔しています。

というのも、アラン・パリス教授はＭＩＴ（マサチューセッツ工科大学）やイエール大学の大学院一年生が必ず学ぶ、『ドラゴンブック』という通称で知られる『Structure and Interpretation of Computer Programs（計算機プログラムの構造と解釈）』の著書たちの指導教授で、コンピュータ・サイエンスの世界では神様のような存在だったのです。

しかも、私が授業に出ないと宣言したのは、教授の現役最後の年。過去の弟子たちがアメリカ中から押し寄せ、記念講演でも聴くように彼の授業を受けていたのでした。

そんな素晴らしい教授の授業を堂々と受けられる身分でありながら、私はそのまたとない機会を放棄しちゃった。おかげで「アラン・パリスの弟子です」と言えなくなってしまったなんて、返す返すも惜しいことをしたいと思います。若気の至りですね。

同じような例が、リッチ・トマソンという教授への挑戦です。

私はイエールでさんざん哲学を勉強し、得意でもあったので、当時の分析哲学で流行り始めていた難しい理論の証明も披露して、授業に出なくてもいいというお墨付きをもらいました。

でも、リッチ・トマソンと言えば、哲学の世界では有名なイエール出身の天才博士。彼の弟子になりそこねました。

すみません、少々横道にそれました。IQに話を戻すと、みなさんにも似たような経験がありませんか？　似通った宇宙を共有し、高いIQを発揮できる人同士の間では、「一を聞いて十を知る」が如く、「ほんの少し示唆されただけで、物事のすべてを理解する」といったことがよくあります。

そんなとき、言葉はいらないでしょう？　くどくど説明を受けずとも、「あ、わかった」、それだけです。

ようするに、IQを高めれば、抽象度の高い空間で情報操作をする能力がいっそう向上します。ちょっとした情報の断片から、多くの情報が複雑に絡まり合う宇宙の全体像をつかみ、複数のことを同時進行で考えて導き出すことが可能になるのです。

前置きが長くなりましたが、以下、IQを高めるためのトレーニングについてお話ししましょう。

上級者向けIQトレーニング

自然界に「概念のヒエラルキー」を構築する

要は、「系図」のようなものを、自分なりにつくればいい

IQを高めるトレーニングは、何かひとつ整合的な世界を選び、抽象度を上げながら「概念のヒエラルキー」を構築していくものです。これは、たとえて言えば、歴史の教科書などによく出てくる「系図」のようなものです。あるいは、ウィンドウズマシンにある、フォルダやファイルがツリー状に整理されたエクスプローラのようなものです。要は、ひとつの宇宙を構成するいろんな要素を整理して、相関関係がわかるように描きだしたものだと捉えてください。

数学や物理、哲学、チェス、将棋など、整合的な世界なら何でもかまいません。私のオフィスのように、風水で完璧に設《しつら》えられているなら部屋のなかでもいいし、車に詳しいなら車のなかでもけっこうです。ただ、手近なところで一番のおススメは「自然界」です。

トレーニングは次のステップで行ってください。どのステップでも、空をイメージしているときはちゃんと意識のなかで空が見えているし、その空の概念のヒエラルキーに属するすべてのものも見えている、というくらいリアルな臨場感がなければいけません。抽象

思考をするときはできるだけ臨場感を持つことが鉄則なのです。

ステップ1 目に入るものひとつひとつの抽象度を上げていく

木、草、虫、土、石ころ、空、雲、川、海、山、空気……自然界に身を置くと、さまざまなものが目に飛び込んできます。そのひとつひとつについて、概念のヒエラルキーをつくります。

たとえば、杉の木を見たら「杉の木→針葉樹→木→植物→生物」とか、コオロギを見つけたら「コオロギ→昆虫→動物→生物」とか、抽象度をひとつずつ三〜五段階くらいまで上げていきます。そうして杉の木やコオロギを見ると、たちまち概念のヒエラルキーが見えるよう、意識を作り上げます。

ステップ2 各抽象度で横に概念を広げる

縦方向に概念のヒエラルキーをつくったら、次は各抽象度で連想をつなぎ合わせていきます。杉の木の例で言うと、「杉の木と言えば花粉症」「針葉樹の葉はまさに針のよう」「木の生長には水と陽光が必要」「山はやっぱり富士山」というように、自分なりの仮説観でいいので、対象物に関連する概念を横に広げてください。

ここでもステップ1と同様、杉の木を見ると、概念のヒエラルキーと同時に、それを構成する各抽象度の横のつながりが見えるよう、意識をつくりあげます。

ステップ3 連想したものについて、抽象度を上げていく

ステップ2で連想したものひとつひとつについて、ステップ1と同じ要領で、さらに抽象度を上げていきます。具体例で示すと、「花粉症→アレルギー→病気」とか、「針→裁縫用具→道具」といった具合です。

ここまでくると、ひとつひとつの存在についてまさに網の目のような世界が出来上がります。このネットワークをしっかり記憶に留めて、目をつぶっても開けても、いつでも見える状態にしましょう。

対象物が増えるにつれて、この〝網の目世界〟はどんどん複雑になりますが、トレーニングを毎日続けるうちに、構成力は増していくもの。いずれ、自分の周囲が〝網の目世界〟に変貌《へんぼう》するはずです。

最初は、毎日ひとつ対象を決めて、概念を縦方向に三段階くらい伸ばし、次に各段階の概念を横に三つくらい広げていく感じでトライしてみてください。慣れるまでは少々時間がかかりますが、だんだんにスピードアップします。じきに、一日に複数の対象でできる

ようになるはずです。

ステップ4 〝網の目世界〟を動かす

このトレーニングの仕上げは、構築した〝網の目世界〟を構成する要素を動かす操作です。「空を海の横に持ってこよう」とか、「虫を木の上に飛ばそう」「石ころを太陽に近づけよう」といった具合に、宇宙をうにゃうにゃと動かすのです。その際、それぞれの要素が持つ〝網の目世界〟ごと操作します。

この操作を本気でやると、たいていの人は目がくらくらしてぶっ倒れてしまいます。目を開けていても宇宙が本当に動いていると感じるくらいの臨場感があるからです。がんばってそのくらいの臨場感を維持してやってみてください。そうするとすごい効果があることがわかります。

以上がIQを高めるトレーニング。毎日繰り返し行うなかで、日々到達した意識状態を覚えておくことが大切です。そうしていつでもその意識状態になれるようにして、次はこれ、次はこれとトレーニングを重ねていくと、より早くレベルアップが図れます。

◉煩悩をコントロールするトレーニング「止観」

最後まで自分を縛るものは「煩悩」

抽象度を上げ、ＩＱを向上させるトマベチ流トレーニングはうまくいきましたか？　うまくいったあなたは、自分を束縛する社会や過去のしがらみからどんどん自由になっていく自分を実感したことと推察します。

物理空間にのみ生きているほとんどの人は、自分が束縛されていることにすら気がついていません。最悪の状態です。

少し抽象度が上がると、束縛されていることに気づいていながら、その束縛から逃げられないジレンマに陥ります。束縛に気がついて自由になろうともがいているだけ、マシな状態ではあります。

さらに抽象度が上がり、ＩＱも高くなってくると、束縛から解放されて自由になれます。いろんな制約に縛られていたときには見えなかったもの——たとえば、本当になりたい自分とか、叶えたい夢・幸せとかが見えてくると同時に、自分を取り巻く世界観そのものが大きく変貌していきます。

ただ、最後まで自分を縛り続けるものがあります。それは、「煩悩」です。「我欲」とか「私利私欲」と言い換えてもいいでしょう。

これがなかなかの頑固者で、抽象思考をしていても、物理空間に居座って影響を与え続けることがあります。

繰り返しますが、ホメオスタシスの原理が働くため、人は自分が自我と信じているものを壊して違う人になるのを嫌います。そのために、煩悩を固持しようとするわけです。

そこで必要なのが、「止観」のトレーニングです。と言っても、毎日やる必要はありません。年に一～二回、理想は月に一～二回、煩悩をちょっと脇に置き、抽象度を上げて高い視点から自分を見るだけでOKです。

「止観」とは?

「止観」の「止」は、煩悩を制御すること。拡大解釈をすると中国禅になります。その中国禅では、座禅を組んで「喝!」とやる、あのイメージが強調され過ぎているせいか、あたかも煩悩をはじめ雑念のすべてを消すことが「止」であると誤解されがちです。

でも、それでは気絶するなどして何も考えられなくなった人しか、理想的な悟りの境地に達することができないことになります。

もし、煩悩を「止める」ことを「捨てる」という意味だと思っている人がいたら、それは大きな間違いです。壁に向かって九年座禅を組んだと伝えられる達磨《だるま》大師だって、頭のなかにはとてつもなく大きな抽象宇宙が広がっていたはず。言ってみれば、「雑念だらけ」だったと思うのです。

しかも、足の痛みも忘れてしまうくらい気持ちよかったのですから、抽象空間で大量のドーパミンやエンドルフィンを出していたのでしょう。臨場感を持って抽象思考をしていたわけです。

そもそも、人が煩悩を完全に捨ててしまったら、大変です。食欲がなければ飢え死にしてしまうし、性欲を捨てれば種を子々孫々につなげていくことが不可能になります。人類が滅亡してしまうではありませんか。

だから、**煩悩を捨てる必要はありません。**お釈迦様も「ほどほどにね」と言っています。ようするに、煩悩を自分でしっかりコントロールすればいいわけです。

また、「止観」の「観」は、自分を高い視点から観ること。親鸞《しんらん》が始めた浄土真宗では、「見調べ」という手法を使います。

これは、親や兄弟、配偶者など、身近な人との関係について、「してもらったこと」「してあげたこと」「迷惑をかけたこと」などを考え、徹底的に内省を促そうというもの。この見調べをもとに、心理療法などに使われる「内観療法」が考案されました。

ただ、見調べの場合、自分をいろいろな視点で「観る」のはいいけれど、我欲や煩悩を脇に置くという「止」の部分が弱くなりがちです。と言うのも、観れば観るほどいろんな心の動きが出てきて、逆に自分の都合のいいように妄想を膨らませてしまったり情動に流されたりするおそれがあるからです。

このように、「止」と「観」はどちらか一方に力点を置きすぎると、うまくありません。煩悩をちょっと脇に置いてあげないと、どうしても煩悩に引っ張られて、本当の意味で高い抽象度に上がっていけないのです。

したがって、「止」と「観」の二つを同時に行うことが、止観トレーニングのポイントになります。

煩悩はほどほどに。でも、大きく！

止観トレーニングの目的は、煩悩を大きくすることにあります。ウソだと思いますか？まぁ、煩悩をちょっと脇に置くのが「止」の意味するところですから、「大きくしてどうする?」と妙に思う人は多いかもしれません。

しかし、煩悩の主体である「私」の抽象度を上げれば、どうでしょう? たとえば、「私」レベルで「裕福になりたい」という煩悩があったとします。その「私」の抽象度を、港区民、都民、日本人、アジア人、地球人と上げていきます。すると自然と、自分のことだけを考える我欲という煩悩は、低い抽象度に止まるしかありません。

そして、煩悩の主体が大きくなるにつれて、煩悩もダイナミックに変貌し、最終的には「地球人みんなに裕福であって欲しい」というレベルまで上がっていくのです。

煩悩を大きくするとは、そういうことです。ともすれば私利私欲に走ろうとする「私」は、「止」によって脇へ追いやらなければ強まる一方。抽象度を上げても、あなたを頑固に物理抽象度に引き下ろそうとします。だからこそ、抽象度を上げて自分を「観る」ときは同時に、煩悩を「止める」ことが重要なのです。

私たちはふだん、「自我は関係性で成り立っている」という当たり前のことを、ついつい忘れてしまいがちです。みなさんはすでに一章を読み、「自我はない」と認識しています。それでも、自我がまるで独立したひとつの存在であるかのような幻想を抱きかねないのです。そうならないために、ときたま「止観」をする必要があります。

そのトレーニングは簡単です。住所でも会社でも何でもいいので、自分に関わる情報を、ちょっと煩悩を脇へ置いて、抽象度を上げながら見ていくだけです。そうして煩悩から解放されて、さまざまな関係性を認識すれば、自我に冒されつつある心も思い切り自由な環境を取り戻せます。

ふだんはふつうに「煩悩の人」でもかまいませんが、適宜「止観」をしておくと、くだらない煩悩に悩まされることは格段に少なくなるはずです。

たとえば、食に貪欲《どんよく》な人は、もう満腹なのにおいしそうな食べ物を見ると、つい手が伸びて肥満を加速させるものです。けれども、煩悩をコントロールする術を身につけていれば、食べ物は生きるために必要なエネルギーだという当たり前の事実を思い出します。そして、食べ過ぎる必要なんてどこにもないと認識した瞬間に、肥満の悩みは解消するでしょう。

あるいは、世界には飢餓に苦しんでいる人がたくさんいるのに、自分だけが必要以上の食欲に拘泥することの愚に気づかされるかもしれません。当然、自分のお腹だけ満たされればいいという小さな煩悩は、世界中の人々が飢餓から解放されることを望む大きな煩悩へと変わっていく可能性もあります。

取るに足らない小さな煩悩は、物理空間にいる限り、強くなって身を苛《さいな》むだけ。それよりも「止観」によって大きな煩悩に変えてあげようではありませんか。それが、抽象度を上げるための健全な心と体をつくることにもつながります。

第四章

これが、内部表現を書き換える方法だ！

真の意味で「なりたい自分」になるために

◉本当に「なりたい自分」になる決意を堅固にしよう

私たちが目指すのは、社会や他者に洗脳されやすい抽象度の低い状態から抜け出し、同時に自分を束縛する自我から自らを解き放ち、真の意味で「なりたい自分」「叶えたい夢」「実現したい幸せ」を手に入れることです。

つまり、「奴隷の幸せ」は求めていない——。

本章で内部表現を書き換えるに当たって、まずその点を再認識しておきましょう。

私がなぜ、「奴隷になるな、奴隷になるな」としつこく繰り返すか。それは逆説的に言うと、奴隷が一番幸せであることは間違いないからです。

自分で何も考えずに、社会の思惑通りに生きるなら、それほど簡単なことはありません。社会や他人に操られていればいいわけですから、何も自分で考えなくていいし、何も自分で決定する必要はないし、自分のしたことに対して何ひとつ責任をとることもない。だからお気楽だし、ハッピーなのです。

元来が怠け者にできている、楽なほうに流れたい人間にとって、これほど強烈な甘い誘惑はありません。そのために、人はついつい「奴隷の幸せ」を求めてしまう、という見方もできます。でも、本書ではそこに、

「それでいいんですか？」

という一石を投じたい。「いいわけがない」ことは明快過ぎるくらい明快だからです。

これまで再三お話ししてきたように、奴隷はある意味で社会や他者にだまされた状態のまま、そうとは気づかずに、自分の夢や幸せとはこういうものだと思いこまされているだけです。哲学的に言うなら、単純に、

「奴隷の幸せは、幸せではない」

ということです。

それは「間違った知識は、知識ではない」のと同じ。たとえば、あなたが誰かから携帯の番号を教えてもらったとして、相手が番号を言い間違えたにせよ、自分が聞き間違えたり、メモリに入力し間違えたりしたにせよ、相手の携帯につながらなければ、その番号は知識と言えるでしょうか？　答えは「ノー」です。正しい知識でなければ知識ではないのです。

同様に、自由な幸せしか幸せとは言えない。よって、「奴隷の幸せ」は幸せではない、ということです。

賢明なるみなさんは、すでにこの点を理解されていると思いますが、「奴隷の幸せ」というのは「わかっちゃいるけど、やめられない」ほどの魔力を持つもの。そこに引き戻さ

れることのないよう、プロローグで提示した強烈な〝脅し〟を思い出してください。要は、
「あなたは一生分の後悔に苦しみながら、死の淵をさまよい続けたいですか？」
ということです。甘い誘惑に負けたら、どんな不幸が待っているかをしっかり認識しておくことが、「奴隷の幸せ」に堕してしまいそうになる自分にブレーキをかけるうえでも役立つでしょう。

ここは腹を括《くく》って奴隷の人生からオサラバし、「私は真の意味でなりたい自分になるんだ」という決意をしっかりと固めてください。

そして前章のトレーニングを積んだら、あなたはもう準備万端。次の「内部表現を書き換える」技術の習得へとステップアップしていくことができます。

◉内部表現はこうして書き換える！

書き込みのための未来を想定する

内部表現を書き換える基本は、未来に働きかけることにあります。

前述したように、時間は未来から現在、過去へと流れているので、自分がこうありたいという未来を想定することが重要なのです。そして、**現実にその未来にいるかのような臨場感を書き込む、それが内部表現を書き換えるということ**です。

こうして積極的に未来に働きかけなければ、内部表現における未来は常に過去、現在の呪縛《じゅばく》から解放されません。

その際の問題は、どのくらい先の未来に照準を合わせるか、ということです。理想は「遠ければ遠いほどいい」のですが、あまりにも遠い未来は臨場感が下がるため、書き換えがうまくいきません。

「三〇〇年先の日本」とか、「二〇〇〇年先の地球」とか、遠い未来に働きかけようにも、ちょっと臨場感を持ちにくいですね？　まだ経験の浅い若いみなさんなら、三〇年先だって臨場感を持って考えるのは難しいと思います。

それはそれでいいのです。抽象思考によって時空を超えた大きな夢を描くことと、具体的に内部表現を書き換えていく作業とは、ステージが異なります。内部表現に書き込む情報は、夢を実現するための通過点と考えてください。

ようするに、**臨場感が維持できる範囲内で一番遠い未来を、書き込みのための未来として**

想定するのがポイントです。

その近未来とは、入社間もない会社員なら課長とか社長になった自分、職人なら一人前になって一人立ちをした自分、といったところでしょうか。その程度――一〇〜三〇年先の未来でいいのです。

ここで「えっ？」と首を傾《かし》げた人がいるかもしれません。「自分の近未来像がそれじゃあ、奴隷と同じじゃん。奴隷になるな、って話と矛盾しない？」と。たしかに、「社長になる」なんて夢は抽象度が低いように思えるでしょうが、それは「出世したい」とか「金持ちになりたい」などといった、社会に洗脳された我欲が決めた夢の場合です。

そうではなくて、社長になることが、たとえば「こういう仕事をして、人類の進化に貢献したい。世の中の人々を幸せにしたい」というような抽象度の高い夢の途上にある自分の姿だとしたら、それは決して「奴隷の夢」ではありません。そうですね？

もちろん、一〇〇年、二〇〇年先までリアルに感じることができる人はそこを、未来を書き込むステージにしたってかまいません。

いずれにせよ、内部表現の書き換えは目的を持って行うこと。「なりたい自分」を強烈にインプットしておきたいときや、社会的催眠にかかりそうな自分を感じたときなど、自分を変えたいときにやるのが効果的です。

「なりたい自分」の未来をリアルに感じる工夫をする

未来の自分のイメージをリアルに感じるためには、それに関する知識と経験を増やす努力・工夫が必要です。

ただ「成功したい」と言うだけで、社長の椅子に座ったこともなければ、社長と呼ばれる人に会ったこともない、成功者がどんな仕事をしているのかもまったく知らない、というのでは、臨場感を持ちようがないでしょう？

だから、できるだけ未来の夢に関連性のある人や場所、出来事などに触れて、それらをリアルに感じるようにする努力が必要なのです。それが、未来に対して縁起をつくってあげることにもつながります。

たとえば、大臣になって日本を平和で幸せな国にしたい人は、総理大臣や外務大臣、財務大臣たちの動向にいつも関心を持ち、国会の傍聴に行くくらいでないといけません。

貧富の差のない真に平等な社会を築くために、ノーベル賞モノのスキームを発明する経済学者になりたい人は、ノーベル賞の授賞式を見学したり、すでにノーベル賞を受賞した人に会いに行ったりする必要があります。

私自身が経験した学者の世界では、何か新しい学問分野を研究しようと思ったら、論文を読むよりもまず、その分野の最高峰の学会に顔を出すのが通例です。重要な研究成果をあげた研究者たちの顔を見て、実際に会話することで、その分野のリアリティが生まれるのです。それが、自分自身の研究成果をあげることにもつながります。

学問の世界だけではなく、どんな仕事でも、その現場をリアルに体験することは大切です。その臨場感をしっかり感じたうえで、抽象化の作業をしていくのです。

いまの自分と未来の自分の間の距離が遠ければ遠いほど、体験的に臨場感を得るのは難しくなりますが、もっと近いところで「こういうことを経験し、こういう知識を身につければ、臨場感を維持できる」というポイントはどこかにあるはずです。

それに、未来の自分そのもののズバリのシミュレーションができなくとも、「夢を実現した気分になれる」体験なら、工夫しだいでどうにでもなるでしょう。

その意味で使えるのは、「メソッド演技」方式です。これは一言で言うと、リアルな複数の記憶を組み合わせて、体験を合成する演技術です。

ちょっと簡単に触れておくと、ルーツはスタニスラフスキーという人がつくった演技理論です。その理論を二〇世紀になって、リー・ストラスバーグが体系化し、有名になりました。

そのスタニスラフスキーに関して、おもしろいエピソードがあります。あるとき、モスクワ芸術劇場で主役を張っていたチェーホフ(『桜の園』や『かもめ』で有名な劇作家であり、短編小説家である、あのチェーホフの甥に当たります)が、記憶を基本とするスタニスラフスキーの理論に挑戦したのです。

それは、「父が死に、墓場に埋葬される。そのときの息子の演技」です。チェーホフは完璧に演じ切り、スタニスラフスキーからも絶賛されました。それで、チェーホフは誇らしげに言ったのです。「私の父は健在だ。だから、父の死に関わる記憶はない。でも完璧な演技ができた。演技には記憶の再現が重要だというあなたの理論は間違っている。私の勝ちだ」と。

しかし、それはチェーホフの間違い。スタニスラフスキーの勝ちです。なぜなら、実際に体験していないことでも、体験したことのある複数の記憶を合成すれば、あたかも体験したように演じられるからです。

スタニスラフスキーの理論の骨子はまさにそこにあったわけで、チェーホフは彼の理論を証明したに過ぎなかったのです。

話を元に戻しましょう。記憶を合成することにより、役者が実にリアルな、迫真の演技をするように、私たちも記憶を利用すれば、未来体験の臨場感を維持することが可能です。

もし、あなたが「起業して上場を果たし、マザーズの壇上に上がりたい」のなら、実際に壇上に行かなくとも大丈夫。何かの祝賀パーティに出席したときの記憶――会場の雰囲気や拍手の音、乾杯のシーンなどを思い出したり、何かを申請するときに書類をつくった記憶を上場審査になぞらえたりすれば、あたかも上場体験をしたようなリアルな臨場感が出せるでしょう。

そうして、未来に対して縁起をつくることができるわけです。もちろん、合成に使う記憶の素材は、どれもリアルであることが最低条件ですが。

とにかく、未来の自分をリアルに感じるためには、「なりたい自分」が将来どこで何をしているかを想像して、その場所に行ってみる、関連する何かをやってみる、試してみる、関係者に会ってみることが重要です。

誰かにあこがれるのもいい

「なりたい自分」に対して臨場感を高めるために、誰かにあこがれるのもひとつの方法です。

あこがれるということは、対象となる本人ではなく、本人が象徴する何らかの姿に共感していることなので、物理空間にいる自分より少なくともひとつは抽象度が上がるのです。

また、自分の未来を具現化する存在に触れられるため、臨場感も維持しやすいというメリットもあります。

ただし、一方的なあこがれはいけません。いろいろな理由でだまされている可能性があるからです。

たとえば、パリス・ヒルトンにあこがれている人は、彼女のイメージ戦略や、テレビ・雑誌等のメディアが伝える彼女の虚像に惑わされているかもしれないでしょう？　だとすると、社会的洗脳をされた奴隷になってしまいます。

現代は情報社会の名の下に、メディアがかなり進化してきました。それだけに人々が洗脳される確率も高くなり、夜寝るときの不幸をどんどん深めているのが現状です。

そのいい例が、「丙午現象《ひのえうま》」でしょう。古くから「丙午生まれの女性は気が強く、嫁にもらうと食い殺される」なんて迷信があり、六〇年に一度巡ってくるこの年には出生数が激減するという現象があります。

一九〇六年の丙午はまだ近代文明が芽生えて日が浅い明治三九年ですから、出生数が前年の半分くらいにまで激減するのは、まぁわかります。

でも、それ以後、科学的・論理的思考が加速度的に進んだ一九六六年にも相変わらず、二割以上も減少しているのはどういうわけでしょう？

事前にメディアがこぞって「丙午はやばいよ」と騒ぎ立てたからでしょう。その情報が「何の根拠もないですよ」と伝えるものであったとしても、迷信を信じてしまう人は多いのです。次の丙午、二〇二六年にはメディアはさらに進化しますから、減少率はもっと上がるかもしれません。

ついでに言うと、人の迷信深さは時代を経ても同じです。抽象度をちょっと上げて考えると迷信だと捨て置けるのに、抽象度が低いばかりに迷信に縛られるのです。

「この部屋は裏に墓場があって、なんかおどろおどろしいし、家賃は安いけど住むのはやめよう」なんて考えるのも、情報に洗脳されていることの裏返しなのです。

誰かにあこがれる場合も、そういった〝色眼鏡〟であこがれの人を見てはいないかを、しっかりチェックしなければなりません。

そのために有効なのが、前章で触れた「止観」です。

その人にあこがれる気持ちをちょっと脇に置いて、高い視点から自分を観てください。それで、たしかにその人本人ではなく、その人の生き方に自分の生き方が重なるならＯＫです。

そうして真にあこがれている人を持てたならば、「なりたい自分」をリアルに感じることがたやすくなるはず。大いに臨場感を高めましょう。

私自身、あこがれている人はいます。たとえば、天才的な催眠療法家として知られる故ミルトン・エリクソン氏がそう。私は彼のお嬢さんと親しいので、彼女を通して氏の情報を得て、「なりたい自分」に対する臨場感を高めています。あとは、お釈迦様にもあこがれています。お釈迦様は瞑想しつつ、抽象度を徹底的に上げる「脳と心」の使い方の習得におそらく人類最初に成功し、すべての存在の上位概念である「空」の抽象度に到達し、その結果、「縁起」を悟った人です。人類最初の脳機能学者と言ってもいいでしょう。また、その悟りの世界に留まらず、平和で平等な社会つくるために人々の間で生きた人です。私の夢そのものですので、お釈迦様のことを想像しながら、やはり「なりたい自分」に対する臨場感を高めています。

成功した自分だけではなく、失敗した自分もイメージする

以上のように「なりたい自分」の臨場感世界が得られたら、次はその臨場感をさらに倍に高めて、それを自分の得意な感覚で書き換えます。

これは、前章で紹介した「過去の情動を利用して抽象度を上げる」、あのトレーニングの応用です。できれば、感覚に書き換えた情報の臨場感も、一割増しにしながら二倍、三

倍に強めてください。たとえば、

「マザーズの壇上に立つ」という情報を、上場パーティの会場に響く拍手の音で記述したなら、その音を強めていく。

「作家になった自分」を万年筆のインクの色——ブルーブラックでイメージしたなら、その色の彩度なり明度なりを上げていく。

「社長になる」思いを、大きなリクライニングチェアに座ったときの感触で捉えたなら、その本革に身を包まれる心地よさを高めていく。

そういう感じで記述しましょう。ここまでは、前章のトレーニングを行っていれば、難なくできるはずです。

問題は次のステップです。技術的には難しくないのですが、いやがる人がいるかもしれません。というのも、同じ手法で「なりたい自分」になりそこねた、つまり失敗をイメージする作業だからです。

イメージ・トレーニングなどでも「成功した自分を強くイメージしなさい」とはよく言われること。その逆をやれ、となると、ネガティブなイメージに操られて、不幸な結末を招くのではないかと心配するのでしょう。

しかし、それは間違いです。物事にはすべて裏表がありますから、成功と失敗が起きる確率は常に半々です。失敗することも想定しておかないと、臨場感としては不十分というものです。

それに、失敗イメージをつくる目的は、成功と失敗という二つの相反するイメージを包含する抽象度の臨場感をつくることです。これはさほど難しくはありません。成功が「ある」場合と「ない」場合とをワンセットで認識できる視点を持つだけで十分です。そして、その抽象度で改めて、「なりたい自分」の姿——成功イメージを記述するのです。

なぜ、そんな作業が必要か。それは、オーケストラの指揮者にたとえるとわかりやすいでしょう。

オーケストラの演奏では、いつもすべての楽器が音を奏でているわけではありません。楽器はそれぞれ、自分の担当するフレーズだけを演奏し、必要のないときはお休みしています。でも、音がないからといって、楽器が消滅することはありません。

指揮者はそういう楽器すべてについて、音を出しているときと出していないときと、両方を包含する抽象度でオーケストラの音を聴いて指揮棒を振っています。そうして、ひとつ上の抽象度から、オーケストラが指揮者の思い通りの演奏をするように各楽器の音を操作しているのです。

「なりたい自分」の記述も同じ。**成功が「ある」と「ない」との二つのパターンを包含する抽象度に自分を置いて、自らの意思で「ある」を選択する。だからこそ、思い通りの自分になる記述が有効になる**のです。

だから、失敗イメージに対して、そう臆病になることはありません。単に否定形にすればいいだけです。脳はバカ正直なので、いくら「ノー」とか「ノット」の否定形をつけて思考しても、肯定形でしか受け止めません。たとえば、

「赤くて甘くて、シュパッと切るとジューシーな果汁がたっぷり出てくる、そんな新鮮でおいしいリンゴを思い浮かべないでください」

と言われても、あなたはつい思い浮かべちゃうでしょう？　「思い浮かべるな」と言われても、脳は自動的にそのリンゴをイメージしてしまいます。

したがって、否定形でイメージすることは同時に、肯定形をイメージすることでもあります。何のリスクもありません。こういう脳の働きを利用すると、先の例で言えば、成功の逆パターンとして、

「マザーズの壇上に立ちたいけど、しくじった」とか、

「作家になるはずだったけど、万年筆が使えずに失敗した」

「社長の椅子に座る自分を夢見つつ、課長の椅子に止まっている」


などと、否定形を肯定形とセットで思い浮かべればいいことになります。

また、それら失敗イメージを得意な感覚に書き換えるときには、単に「拍手の音がない」「無色」「何の感触もない」といった情報にして、その臨場感を強めていくことになります。

こんなふうに、「成功パターン」をやって、次は失敗パターン」という具合に、何度か繰り返し行ってみてください。自然と、両方を同時に感じる視点が出来上がります。つまり、自分が完全にコントロールできるゲシュタルトをつくりだしたことになります。

そして、抽象度がひとつ上がったこのゲシュタルトに、「なりたい自分」の絵をガツンと描く。その瞬間、未来といまとの縁起が結実します。**内部表現に記述した「なりたい自分」に向かって、無意識のうちにベストな選択をしながら生きる人生が手に入る**のです。

ちなみに、「ある」と「ない」を包含する抽象度で物事を見て、無意識のうちにどちらかを自由に自分で選択して行動することが習慣化すると、自分が本当にやりたいことや好きなこと、気持ちいいことがどんどんわかってくるようになります。

また、人目や世間体などを気にするあまり自分の本意ではないことをしてしまう、なんてことがなくなります。と言うより、そういう選択肢があることを無意識に認識していても、意識のうえには上らなくなります。

言ってみれば「winner takes all」の世界。選択肢は、自分が進みたい、あるいは進むべき道がひとつだけ。自分が望む未来にとって関係ない選択肢は、見えていながらも意識から排除されて、ないも同然になるのです。

抽象度を上げて、自分の好きなこと、したいことを無意識に選択して行動していきます。こういった無意識行動が当たり前になってくると、毎日が本当に楽しくなります。嬉しいことや気持ちいいことだけではなく、痛い、悲しい、苦しいといった、一般的にはマイナスイメージで捉えられがちな情動が起こるような体験をしても、それを「生きる喜び」と実感できるようになるのです。

自分の意思で自由に選んだ人生、行動なのですから、何があろうと喜びなのです。「ある」と「ない」の二つを包含する抽象度で、内部表現を「なりたい自分」に書き換えることができたとき、あなたもこの喜びを実感できると思います。

ところで、これまでの話でおわかりいただけたように、内部表現を書き換えるポイントは、大きく分けて二つあります。

ひとつは、「なりたい自分」「叶えたい夢」「実現したい幸せ」に関わる未来の縁起ひとつひとつに対して、いかに強い臨場感が得られるかにあります。言い換えれば、自分が記述する〝未来情報〟を得意なモーダルチャンネルに変えて、いかに大量のドーパミンを出せるか、です。

いろんな要素でその基礎をつくってあげると、かなりリアルな未来のゲシュタルトが出来上がります。

もうひとつは、「ある」と「ない」とを同時に見られる、抽象度の高いところで、「なりたい自分」「叶えたい夢」「実現したい幸せ」を自分の得意なモーダルチャンネルで表現することです。

これら一連の操作は、三章でご紹介した基礎訓練抜きにはできません。抽象度を上げる技術に習熟しないまま、いきなり未来の縁起に働きかけようとしても、ただイメージをつくるだけに終わってしまうからです。

大事なのは、未来と現在、過去との縁起を結実させること。そこで強い臨場感が持てれば、内部表現という宇宙を自分の思い通りに動かすことができます。自分の夢や願望を意識せずとも、夢に向かって一直線に突き進んでいけるようになります。

これでもう、内部表現を書き換える方法はバッチリですね？　さっそく、トライしてみてください。世界が一変しますよ。

●最終ゴールは「自由意思」の獲得！

人は自由意思を持ちうるか？

これまでのところで、あなたは社会や他者から解き放たれた自由を手に入れることができるようになりました。

しかし、本書を手に取ったみなさんには、さらに上を目指して欲しい。私はそう願っています。

「え〜っ、まだ上があるの？　何物にも影響されずに自由に生きられて、しかもその夢が我欲を満たすというちっぽけな『奴隷の幸せ』ではなく、内部表現という宇宙全体の幸せを実現する道を開くものなのだから、もうそれ以上望むことはないじゃん」

そんな声が聞こえてきそうです。たしかに、おっしゃる通り。社会や他者から完璧に自由になる、というレベルでは何事も自分で自由に選択して行動し、「なりたい自分」になるという目標は達成できます。

ただ、「その自由は本当の自由なの？」という疑問がなおも残ります。これはいままであえて避けてきた問題ですが、私は、

「内部表現という宇宙そのものは閉じられた系である。ここから頭ひとつ抜けて、内部宇宙を観る視点を持つと、もっと自由になれる。本当の意味で『自由意思』を持てる」

と考えているのです。それはどういうことか、かなり長くなりますが「ゲーデルの不完全性定理」に触れつつ、お話ししていきましょう。

数学の基盤を覆《くつがえ》したゲーデルの「不完全性定理」

ギリシア時代から続く数学・論理学の基盤に、たとえば「二つの点を通る直線はひとつしかない」という主張など、それそのものが証明される必要なく真理命題とされる「公理」というものがあります。それら公理の集合を礎として演繹《えんえき》的に導き出されたものが「定理」です。つまり、中学・高校で学ぶ幾何の公理・定理を例にとると、それらはその演繹推論系のなかで真理とされているだけ。実際に計測してみて正しいから真理とされたのではありません。

たとえば、古代ギリシアのピタゴラスが発見したと言われる三平方の定理には、一〇〇

以上の証明がありますが、これらはすべて、ユークリッド幾何学の公理系を礎として演繹的に導かれたものです。つまり、ピタゴラスの定理が正しいとされるのは、実際に計測してそれが成り立っているからではなく、公理系から演繹的に導かれたからなのです。言ってみれば、数理宇宙は物理宇宙とは関係なく、独立して美しく整合的な空間として広がっているというのが、ユークリッド幾何学の公理系です。

このように、「数理宇宙は公理と定理の系で成り立つ完全な無矛盾の空間である」とするのが、ギリシア時代から続く、数学の基盤となる考え方でした。

ところが、一九三一年にウィーン大学の二五歳の若き数学者クルト・ゲーデルは、自然数論というひとつの数学の公理系を利用して、次のことを証明しました。

「自然数論程度に大きな演繹系においては、内部論理無矛盾性を成り立たせることはできない。系のなかに必ず、正しくない命題、もしくは証明不能な命題が内包されてしまう」と。

また同時に、「無矛盾性を成り立たせようと、演繹系を拡大すればするほど、もともとの公理系そのものが成り立たなくなる」ことをも示しました。

この論文は発表された当時、かなり誤解されたようです。彼の主張が本格的に理解されるようになったのは、一九五〇年代以降のことです。後に、「ゲーデルの不完全性定理」と呼ばれる彼の論理は、以下のように単純化して説明できます。

「この命題は証明不能である」という命題を考える。

「この命題は証明不能である」という命題が証明可能であるならば、この命題のなかで主張している「証明不能である」ということと、それが「証明可能である」ということとは、矛盾していることになる。だからもし、この命題が証明可能であるのなら、公理系が矛盾を内包している、つまり正しくない定理が系のなかにあるということになる。

逆に、「この命題は証明不能である」という命題がたしかに証明不能であったとする。だとすれば、この命題そのものは真理だということになる。これはすなわち、系に証明不能な命題が含まれるということであり、その場合は系そのものが不完全ということになる。系が完全であるとは、その系に正しくない命題が含まれず、また含まれるすべての命題が証明可能な状態を言うからです。

これを自然数論で展開したのが、「ゲーデルの不完全性定理」です。

人は「理性」を超越できる

その後ゲーデルの不完全性定理は、ロッサー、タルスキー、チューリング、チャーチといった数学者・論理学者たちが拡張していくのですが、ＩＢＭワトソン研究所のグレゴリー・チャイティンという数学者はついに一九八七年にこの定理を、数学全般にまで拡張して証明しました。「任意のシステムＳにおいて、そのランダム性を証明不可能なランダム数Ｇが存在するという定理」がそれです。数学全般に拡張されたということは、「物理空間から情報空間まで含めて宇宙全体に不完全性定理が働く」と解釈できます。物理宇宙から情報宇宙まですべて数学で記述できるからです。これをさらに〝翻訳〟すると、次の意味になります。

「内部表現という全抽象度に広がる宇宙の完全性は、内部表現の外側に出なければわからない」

内部表現という言葉を「理性」と言い換えれば、**「宇宙の完全性（もしくは神の存在）があるとすれば、それは理性を超越している」**という意味でもあります。

となれば、内部表現という宇宙に外側があるか否かは、哲学的な問いかけとなります。もしもそれがないとすると、自由とは単にランダムな偶然でしか手に入れられないことになってしまいます。

では、**ゲーデル自身はなぜ、不完全性定理の働く系の内側にいるにもかかわらず、不完全性定理に気づき、証明することができたのでしょうか。**まさにそれが、彼の悩みでした。

そこで出したゲーデルの結論は、

「宇宙は閉じた系で、外側がある。そしてその不完全性定理の働く宇宙の外側にいるのが神であり、その神が叡智《えいち》を与えてくれた」もしくは、「理性を超越した存在があり、それが叡智をくれた」

というものです。それで彼は、神の存在を証明する数学理論をつくるために残りの人生を費やし、晩年は自分が毒殺されるという妄想に取り付かれ、挙げ句の果てに餓死してしまいました。

私の考えは、ゲーデルと半分同じ。でも、重要な半分で異なっています。「内部表現宇宙には外側がある」もしくは「理性」を超越できる可能性はある。ただ、ゲーデルが閉じた系の内側にいながら不完全性定理を発見できたのは、その外側の神から情報をもらったからではない、そう考えています。不完全性定理は宇宙の基本原理だから、宇宙をメタ（高次元）に思考できれば、発見できて当たり前。**メタに思考するとは、自らが系の外側に出ることに他ならない**と思うのです。それが、我々の自由意思だ、と、私は捉えています。

ゲーデルの言葉で「数学的直観」と言われるものです。また、ゲーデルの不完全性定理を用いて神の非存在論を一九九一年に展開したパトリック・グリムの言葉を借りれば「理性を超越するもの」、それが「自由意思」です。

だから、**「内部表現の外側があるか？」と問われれば「イエス」だし、「人は自由意思を持ちうるか？」と問われれば「イエス」、それが私の考えです。**

この考えを持つに至ったのは、私自身が以前から「不完全性定理は情報宇宙全体で成り立つ」と考え、さまざまな証明を試みてきた経験があるからです。ただ残念ながら、その証明は、私以外の人、チャイティンが一九八七年に成功してしまったというわけです。そのときのことにちょっと言及しておきましょう。

二〇〇〇年三月二日、チャイティンが米国コンピュータ・サイエンスの最高峰カーネギーメロン大学で、「数学の礎に関わる一世紀の論争」という演題で歴史的な招待講演を行いました。なぜ歴史的かと言うと、古典的な数学に終止符が打たれたからです。それも、論争に加わってきた、世界最高峰の数学者、計算機科学者、そして経済学者までも含むあらゆる数理科学の専門家の目の前で。

これは、量子力学が「不確定性原理」の確立をもって古典物理学に終止符を打ったのと同じことが、数学でも起きたということです。「不確定性原理」とは、「粒子の位置と運動量を同時に知ることはできない」という原理です。「量子力学レベルの粒子の位置を正確に知るには、強いエネルギー、つまり波長の短い光が必要である。そのために観測行為自体が粒子の運動量に影響を与えてしまうことになる。よって、粒子の位置と運動量を同時に正確に知ることはできない」といった説明がされます。その「不確定性原理」が数理宇宙でも働くことが示されたのです。

数学はすべての科学における公理・理論の記述言語です。もちろん、精神空間も含みます。哲学や宗教の論理も数学で記述できるわけですから、「不確定性原理」が数理宇宙で働くということは、哲学や宗教でも働くということ。チャイティンは「不完全性定理」が数理宇宙全般に働くということを証明して、それを確認したという記念的なレクチャーを展開したわけです。

チャイティンの方法論は、ゲーデルがかつて「不完全性定理」を自然数論という限定された公理系で示したことを、数学そのもののメタ記述言語であるＬＩＳＰという計算機言語を利用して数学全般で示したものです。

彼がこの証明を最初に発表したのは一九八七年。そして二〇〇〇年、これがノーベル賞学者たちの前で「エレガント」に示されました。彼の研究分野は、ヒルベルト、ゲーデル、チューリングといった数学者がつくりあげた、「メタ数学（超数学）」と呼ばれる分野です。最近、日本でもたまに耳にする、「計算可能性」「複雑性」「ランダム性」といった概念を生み出してきた分野でもあります。もちろん数学そのものの根幹をゆるがす「不完全性定理」の証明もメタ数学の成果です。生成文法で有名なチョムスキーも言語学者であるとともにメタ数学者でもあり、有名な「チョムスキー・ヒエラルキー」という数学宇宙の階層性を発見しています。まさに量子力学が物理学の根幹をゆるがしたように、メタ数学は数学の基盤を書き換えたと言っても過言ではありません。

情報空間のもっとも低い抽象度が物理空間だ！

ところで、メタ数学の急速な発展で一九九〇年以降に我々が知るようになった、人類の知の歴史のなかでも革命的な発見は、

「物理空間は、情報空間の一部である」

ということでしょう。ようするに、物理宇宙は情報宇宙（数理宇宙）のひとつの状態であるということです。

これを、脳という存在で言えば、「脳が心をつくっている」とか、「心が脳をつくっている」といった過去のさまざまな主張に対して、「脳は心という情報空間のひとつの側面である」という結論としてみることができます。私は、この側面を、抽象度という概念で説明してきました。すなわち、**抽象度ゼロが物理空間であり、それを包含するあらゆる抽象度に情報空間が広がっているということです。**

ところで、数理宇宙が物理宇宙を包含するという知見は、逆に数学を自然界から切り離された数理宇宙の学問ではなく、自然科学の一部とすること。数学者のあり方さえも根本的に変えてしまいます。その意味では、世俗の塵にまみれない、「美しく整合的な数理宇宙」という古典的な数学の夢に終止符を打ったチャイティン自身の言葉を借りれば、「悲観的な発見」でもありました。実際はこれはゲーデルが行ったことですが、チャイティンが決め打ちしたということです。

これは同様に、古典的なユダヤ・キリスト教やバラモン教、道教などに共通する「唯一絶対の真理」というものは、存在しえないという証明でもあります。ゲーデルとチャイティンの証明は、古典的な数学のみならず、古典的な宗教、哲学にも終止符を打ったと言っても過言ではありません。なぜなら、神という概念で言えば、「神の世界という系があったとして、その系の定理は正しいけれど、人間には証明できないだけである。もともと神は全知全能だから、すべてを証明できる。よって、神の世界は完全（無矛盾）だ」というのが、伝統的な神学の主張だったからです。

しかし、不完全性定理が情報宇宙まで働くということは、神の世界には誤った定理が存在するか、証明不能な定理が存在する――言い換えれば、神が全能でないか、神の世界が完全ではないかのどちらかということになるわけです。

ゲーデルは「神＝完全性」は存在しえないという主張を、ついに物理宇宙から情報宇宙すべてにわたって証明してしまったのです。

東洋哲学に目を転じると、すでに「空」や「縁起」の思想があります。私自身は、チャイティンの証明は、見事に（と言うか先にやられたというのが本音ですが）これを示したと思っています。我々数学者、計算機科学者、物理学者、そしてカーネギーメロンに全米単独トップで集中しているノーベル賞経済学者たちまでもが、「空」や「縁起」の証明を目の当たりにしたのが、チャイティンの二〇〇〇年の記念講演でもあったと言えます。

ただし、チャイティンが証明した定理——「任意のシステムSにおいて、そのランダム性を証明不可能なランダム数Gが存在する」の解釈は私はチャイティンとは違います。彼の主張は、「我々人類は何物からも自由である。神からも自由である。なぜならば、私たちの宇宙は物理宇宙から情報宇宙まですべて、ランダム性を内包しているからである」ということ。そうなると、「自由」とは「ランダム性」のことになってしまうからです。

たしかにランダムであれば完全に自由なのは間違いありません。たとえ、ナイフを突きつけられても、賄賂《わいろ》を一〇億円もらっても、自分がどう行動するかがまったくランダムに決まるのであれば完全に自由です。

しかし、自由意思とはランダムな意思なのでしょうか？　私はそうは思いません。「不確定性原理」が働く空間が物理宇宙から情報宇宙全般に拡張されたということを、「不完全性定理」の働く閉じた宇宙には外側があるという可能性の示唆と受け止めているのです。人間は「理性」を超越できる可能性であるということでもあります。その外側こそが、人間の自由意思の出どころであり、秘伝功気功師が末期ガンを治す気を取り入れるところであり、ゲーデル自身やチャイティンが「不完全性定理」の発想を系の内側にいながらにして手に入れた場所であり、芸術家や科学者がひらめきをうけるところであると考えています。

それはさておき、メタ数学の成果からの論理的な帰結として、物理宇宙は情報宇宙のひとつの状態に過ぎないとわかりました。ならば当然、情報宇宙でおきたことは物理宇宙に反映されます。だから、内部表現を書き換えれば、物理宇宙を変えることができるわけです。内部表現の内側には外側があるということです。

本当の「自由意思」って何?

次に、本当の意味での「自由意思」とは何なのかを考えてみましょう。もちろん、定義上は、「不完全性定理」の宇宙の外側で発効される意思のことですが、現実問題として、それだけでは、言葉遊びにしか聞こえないかもしれません。

そこでもう一度、物理宇宙と情報宇宙の関係を考えてみましょう。もともと、情報宇宙というものがあります。そして、その宇宙の自由度が低い空間を物理宇宙と呼びます。ここで自由度が下がるということは、抽象度が下がるということです。

前項でお話ししたように、「未来の縁起に働きかけて、現在の選択を行う」ことは、一見自由意思のなせるわざに見えます。ただし、厳密に言うとそれは、「時空を包含した内部表現という系の内側において自由に思える意志」に過ぎず、本来の意味での自由意思であるか否かは、判断が難しいところです。

そもそも、我々が働きかけることのできる未来は、現在もしくは過去の経験で得た知識をもとに想定したもの。自由意思によって未来を知りえたわけではありません。知識というのはすべて、過去の認識の結果です。それゆえにどうしても、現在および過去の因果から自由にはなれないのです。

つまり、本当の自由意思とは、内部表現の外側から未来に関する何らかの知識を手に入れて、それを現在の行動に反映させることでしか得られないはずです。

では、どうすれば内部表現の外側に飛び出せるのでしょう？　それはやはり、物理の因果から離れてどんどん抽象度を上げていくしかありません。そして、「ここが限界」というところまで到達して、さらにもうひとつ上げられたら、そこが内部表現の外側であり、仏教で言う「空」です。

内部表現が神の創った宇宙だとするなら、ここから「空」なる宇宙に頭を出した瞬間、「神を超えた」ことになります。悟りの世界は神を超えたところにあるということです。ただそれがどこにあるかと言うと、内部表現世界のいたるところにあるということです。**内部表現の抽象度をどんどん上げた内部表現の内側に、神を超える外側がある**ということです。

そこに至る準備ステップとして、まさにゲーデルとチャイティンの証明のインパクトをしっかりと考えてみましょう。宇宙そのものが全抽象度にわたってランダム性を内包しているとはどういうことか。それは、我々はもともと何物からも、「神」からさえも自由であるということです。まず、ここを認識していないと、我々はわざわざ自分自身を自分の記憶で縛ってしまいます。その閉じた記憶の内部表現世界でさえもともとランダム性が内包されているのにもかかわらず、です。まずは、自分は本来自由であるということをしっかり認識してください。

そして、自分自身を自分の記憶から解放する「止観」をしっかりと行い、そのうえで抽象度をどんどん上げていくのです。自由度をどんどん上げていくと言ってもいいです。そうするとごくたまにだと思いますが、これだという体感を得られるときがあるはずです。

理性を超越する瞬間です。

もちろん、そんな本当の意味での自由意思に動かされるような体感は、そうしょっちゅうあるものではないでしょう。それがやりたければ、お釈迦様のように、山にこもって「空」の世界まで臨場感を上げるトレーニングを積むしかありません。

私たちはそこまで狙う必要はなく、内部表現の外側から叡智を得るのは数年に一度がいいところだと思います。

私自身がそういう瞬間を感じるのは五年に一度くらい。「何かが降りてきた」としか思えないひらめきから、科学の世界を変えるような（と自分では思える）何かを発見したときです。前に述べた、トマベチ・アルゴリズムを発見したときなどは、まさにそういう瞬間でした。

科学者や芸術家などは、誰も気づかないことを発想するのが仕事ですから、天から何かが降りてくるような瞬間に、数年に一度くらいは遭遇するようです。

そんなふうに考えると、これまでの歴史には世界を一変させる数々の発見がちりばめられていますが、それらはみな、自由意思の賜物《たまもの》なのだとわかります。天才とは、高いレベルで抽象思考をし、ときどき内部表現宇宙から「空」へ頭を出せる人なのかもしれません。

もちろん、誰にだってチャンスはあります。ふだんから高い抽象度で思考する習慣をつけていれば、いずれ内部表現の外側に飛び出す瞬間を体験できるはずです。

かなりハードルは高いけれど、本当の自由意思とはそういうものだということを心に留めておいてください。目標はあくまでも、

「何事も、社会や他人、過去のしがらみ、つまり自分自身の記憶から自由になって判断する自分になる」

ことで、その先にもうひとつ、最終ゴールとして、

「内部表現から頭を突き出し、真の自由意思を獲得する」

ことを掲げておくのがベストでしょう。

いずれにせよ、大切なのは、ふだんから抽象度を上げて思考することです。

第五章

「自由意思」が人の進化を促す

苫米地英人が夢想する未来とは

◉「自由意思」は人類最大の発見

私が考える「人類の三大発見」

「人類の偉大な発見は何だと思いますか？」と問われたら、私は迷わずに、「火」と「計算機」、そして「自由意思」だと答えます。

第一に、「火」。人類は誕生したころから、雷や火山の噴火によって起こった火を利用していました。その火を絶やさない方法を発見したのが、五〇万年ほど前のことです。歴史のなかでは、この発見を「偶然」と説明していますが、誰かが内部表現の外側から情報をキャッチして、実用化への道を開いたのかもしれません。

いつでも火を起こせるようになったことで、当然、人類の生活は大きく変わりました。暖をとれるから寒い土地に住んでも凍え死にする危険は減るし、食べ物を焼いたり煮たりと調理できるから食事のバリエーションも広がります。

それに、もし人類が火を発見していなかったら、機械は何ひとつ発明されなかったでしょう。歴史は石器時代で止まったまま。文明は進化のしようがありません。今日の人類も誕生していなかったと思います。

第二の「計算機」ですが、これについては「発見じゃあなくて、発明でしょ」と思う人が多いかもしれません。

でも、違います。計算機というのはもともと、宇宙にあったものです。物理宇宙は情報宇宙の一部なのだから、そこでは何らかの情報処理システムが機能しているはず。それをモデル化したのが計算機、つまりコンピュータです。だから、計算機は発明したのではなく、発見したものなのです。

ただし、順番としては、この計算機の発見によって、人類は逆にそれ、つまり物理宇宙を包含する、情報空間という宇宙があることに気づいたのです。この宇宙こそが内部表現です。

もちろん、ここに至る間には、基本となる計算機の数学（離散数理）を進化させた学者たちの貢献があったわけです。情報宇宙を発見したのはそう昔の話ではなく、古くても一九三〇年代、だいたいは一九六〇年代、重要な発見は一九八〇年代以降のことです。

ともあれ、この情報宇宙の発見が、第三の「自由意思」の発見へとつながります。

「自由意思」の発見が人類を進化へ導く

それまで人々が認識していた宇宙というのはおおむね、古典的なユダヤ・キリスト教観に代表されるような、「創造主がつくった世界」でした。

これは前にも触れた通り、「一三六億年前に絶対神がビッグバンを引き起こしたことから、次々と玉突き的に因果が起こって現在に至っている」という考え方です。

この認識が正しいとすると、常に過去が現在を決めていることになります。たとえば今日、電車が事故で大幅に遅れたために、あなたが自分の社員生命を賭《か》けて挑む大事なプレゼンテーションに出席できず、会社を辞めることになったとして、それも因果をたどればビッグバンのときにもう決まっていた、というわけです。

その電車がどんな理由で事故を起こしたかということから、その電車にあなたが乗る予定で乗れなかったことも、大事なプレゼンテーションに間に合わなかったばかりか、誰も事故ならしょうがないと次のチャンスを与えてくれなかったことも、そのために会社を辞めるハメになったことも、すべてのシナリオを神が書いていた、ということです。

地球上に生きる人がすべて、そのシナリオ通りに生きるしかないとなれば、そこに自由意思はありません。そんな理不尽なことはないですよね？

しかし、情報宇宙がすごいのは、時間と空間を超越しているところ。だからこそ、時間は未来から現在、過去へと流れ、その時間軸のなかで人は自由に生き方を選べるのだと気づいたわけです。

もっとも、抽象度の低い物理宇宙にしがみついている限りは、自由意思など手に入りません。人類が種全体として抽象度を上げていったときに初めて、創造主である神の抽象度を超えられる可能性が開けます。

そうなることが、人類の進化に大きく貢献する「自由意思」の発見だと、私は信じています。

自由意思の獲得――それが可能になったいま、人類は非常に重要な進化の分岐点に立たされていると言えます。だからこそ私は、人類が火と計算機の発見を進化のジャンピングボードにして、自在に使いこなして進化してきたように、自由意思を一種の、当たり前に駆使できる道具にして、さらなる進化につなげていくことを夢見ています。

今後の課題は、自由意思の汎用化《はんよう》とでも言いますか、**人類が種全体として自由意思を認識し、未来社会を切り開いていく**ことです。本書はそのための啓蒙書でもあるのです。

◉自由意思が創る未来社会

人類はすでに飢餓から解放されている！

人類の進化にとって大きいのは、自由意思の獲得に加えて、飢餓から解放されたことでしょう。

それが三〇年前なのか六〇年前なのかは諸説ありますが、遅くとも二〇世紀後半には間違いなく、地球で生産される食糧が人類の必要とするカロリーを上回っていたはずです。

もちろん、地球には飢えに苦しむ人が大勢います。でも、言ってみればそれは、政治的な飢餓です。戦争をしたり、環境破壊を起こしたりして、土地を荒らして作物を生産できない国にした、あるいは民を窮乏に陥れた、そういう抽象度の低い政治が地球レベルで飢餓をつくりだしているのです。

あと、気候の変化を考えると、食糧の備蓄も必要ですが、そういった問題を除けば、基本的に人類はすでに飢餓を克服しているのです。

たとえば、日本の場合を考えてみてください。本当は食糧を自給自足しなくてはいけない理由はありません。「戦争が起きて食糧が禁輸されたら、日本人はたちまち飢餓状態になる。だから、自給自足が必要なんだ」と言う人がいますが、それは「国防」という概念に縛られているからです。

地球から戦争がなくなったら、どうですか？　極端な話、日本は食糧を生産しなくても、海外からの輸入で賄えます。他の国も然り。地球全体で考えれば、世界中の人が飢えないだけのカロリーは用意されているのです。

ようするに、国という単位と、戦争という概念を取り払えば、世界全体の気候・風土を考慮した場所で食糧を生産していこう、そうして作った作物を世界中の人々で分け合おうと発想できるではありませんか。人類に万遍なく、カロリーが行き渡ります。

それでもまだ、「いや、味が。牛はやっぱり、ビールを飲ませて、腹を揉《も》んでやらなくてはうまい肉ができない」などと言うなら、そういう技術を世界で共有すればいい。味にこだわること自体が、抽象度の低い煩悩と言わざるをえませんが、そこは好みの問題なので、「生きるためのカロリーがとれればいいんだ。美食は悪だ」とまでは言いません。ただ、そういう欲求は飢餓の論理ではないことだけは覚えておいてください。

それはさておき、人が飢餓から解放されることと、自由意思とはどう関係があるかと言うと、単純に「食うために生きる」ことから解放される、ということです。

人類は誕生以来四〇〇万年というとてつもなく長い間ずっと、「食べ物を手に入れなけ

れば、明日死ぬかもしれない」という危機感のなかで生きてきました。そのために遺伝子に、

「餓死したくない」

という情報が強烈に書き込まれました。

その遺伝子に束縛されて、「食えないと餓死する」という欲求を捨てられないままに、人類は富の奪い合いをしてきたわけです。

したがって、我々が物理宇宙にしがみつく本質には、DNAに刷り込まれた「飢餓に対する恐怖感」があったと思うのです。

しかし、飢餓から解放されるのですから、もう本質的には物理宇宙に束縛される理由はありません。しかも、我々の生きる宇宙にはもっと高い抽象度の情報宇宙が開けています。

自由意思を得たいま、堂々と「食うために生きる」ことから解放されて、自由に志高く生きることが可能になったのです。

資本主義はもういらない！

飢餓問題が解決したら、一八〜一九世紀にかけてヨーロッパで産業革命が起こって以来、

私たちが当たり前のように受け入れている、「資本の効率を上げろ」「生産の効率を上げろ」という効率化の原理も意味がありません。別に効率を上げなくたって、すでに現在あるテクノロジーで人類は誰も餓死しないのだから、それでいいじゃん……ということです。

それなのに、もう数十年前に飢餓問題から解放されたのに、大半の人はまだ「餓死したくない」という遺伝子の欲求に従って、あくせくと競争社会のなかで生きています。私はあえて明言します。

「資本主義はいらない。共産主義はもっといらない」と。

それで経済が破綻《はたん》したところで、物がなくなるだけで、誰も餓死しないのだから、何も怖くないでしょう？　それどころか地球温暖化の問題は一気に解決します。

いまのところはまだ、みんなが「お金持ちになりたい」とか「権力を持ちたい」といった欲求の裏に、自分や家族が飢えたくないという本能的な欲求があることに気づいていないだけです。

抽象度の高い思考と自由意思を獲得した暁には、そんな欲求は必要ないとわかります。その瞬間、経済競争は消えてなくなると、私は予測しています。

「物理空間と情報空間の通貨を分ける」時代がやってくる!

物理空間と情報空間ではいま、おもしろい現象が起きています。お金の価値が下がっている、という話です。まず、質問。

仮に、月収一〇〇万円のサラリーマンがいたとして、そのうちいくらくらいを物理的労働で稼いでいると思いますか?

答えはズバリ、せいぜい二万~三万といったところです。あとの九十数万円は何かというと、情報活動によって生み出した付加価値で得た稼ぎです。

足で稼いでいるはずのセールスマンでさえも、仕事の大半は顧客への情報提供だったり、マーケティングのデータに基づく販売戦略の構築であったり、さまざまな顧客とコミュニケーションを持つことであったり。実質的には、お金と引き換えに、情報活動を提供しているわけです。そうですよね?

この現象は、物の原価を考えてもわかります。

ある自動車メーカーでは、製造にかかる純粋な原価を「一キロ当たり七〇〇円」と決めているそうです。ということは、一〇〇〇万円の高級車であろうと、三〇〇万円の一般的な車であろうと、重さが一トンならば原価は七〇万円です（もっとも、厳密に言うとその原価にも、下請け会社の情報的付加価値が含まれているので、実際の物理原価はもっと少ないでしょう。ここでは話をすっきりさせるために、仮に原価は七〇万円としておきますが）。

とすれば、同じ一トンなら、一〇〇〇万円の車は九三〇万円、三〇〇万円の車なら二三〇万円が情報的付加価値ということになります。

同じことが、消費する側にも生じています。どんな職業であっても、給料の大半は書類を書いたり、人と会話したり、エクセルなどで計算したり、もしくは、経営をしたりといった情報活動が付加価値を生み出しています。付加価値という意味では、物理労働の貢献度はほんのわずか。おそらくほとんどの職業は、九九パーセントが情報空間の付加価値に対する報酬でしょう。そのお金をどこに使っているかというと、物そのものの物理的原価にではなく、やはり情報空間の付加価値になのです。

以上の例からわかるように、どんな仕事をしているにせよ、稼ぐほうも使うほうも、お金の九割以上を情報空間で流通させているのです。ならば、

「情報空間で提供する付加価値をお金に換算せずに、情報空間で使える付加価値と等価交

換すればいい、お金なんて物理的空間で使う分だけあればいい」ということになります。そう思いませんか？

実際、私は一五年ほど前に、そういう情報空間の付加価値を、いわば〝物々交換〟するように流通させようと、「ベチ・ユニット」と名づけた情報付加価値用の通貨をつくろうと、当時の大蔵省や大手銀行を回ったことがあります。

そして、「こういうユニットをつくったらどうでしょう？　通貨に関わるあらゆる問題も解決しますよね？」と、ちゃんと筋の通る説明をしたのです。結果は、相手にしてもらえませんでしたが、私にしてみれば「バカヤロー」です。

情報空間で付加価値を生み出して、情報空間で誰かが生み出した付加価値を消費している私たちが、どうして米や肉や野菜などをはじめとする、飢餓を満たすための物を消費する対価としてのお金を使わなくてはならないの？　……という話です。みなさんも言われてみれば、妙な話だと思いませんか？

情報空間と物理空間で通貨を分けなければならない、双方の通貨に兌換《だかん》性を持たせてはならない、私はそう考えています。

もちろん、私たちは物理空間に生きる体を持っているので、どうしてもコンビニやスーパーなどで食べ物を買わなくてはならないけれど、それに必要なお金は物理空間における生産性の分だけでいい。値段は極限まで下げて、原価にすべき。そうして物理空間の値段はすべて原価にして、情報空間の値段はいくらでも付加価値を付ける、というふうに分ければいいと思うのです。

先ほどの車の例で言えば、一〇〇〇万円の高級車が欲しいなら、物理空間で稼いだお金で七〇万円を支払い、残りの九三〇万円は情報空間通貨にして、自分が生み出した付加価値である情報空間通貨で交換する、というスタイルです。情報空間通貨が足りないなら、買わなければいいだけのこと。餓死することはありません。

念のために言い添えておくと、私が提案するこの通貨システムは、いま流行りのセカンドライフとはまったく異質のものです。

セカンドライフとは、ネット上に構築されたバーチャルワールド。ユーザーが物をつくったり、ショップを開いて商売をしたり、家を建てたり、冒険旅行に出かけたり、買い物をしたり、同じ空間で遊ぶ人とのコミュニケーションを楽しんだりと、現実の世界さながらの臨場感を持ってさまざまな行動をするステージです。

その意味では、まさに「情報空間の住人」として生活しているようなものながら、ここで使う独自の通貨が物理空間の通貨に〝両替〟できる点がいただけません。

これは大きな問題をはらんでいるのです。セカンドライフの住人は「未来人」ではなく、むしろ「過去人」だと思います。実際、仮想的な時価総額を拡大して、株式交換などで企業を次々と買収していったホリエモンの失敗はまさにこれだと思っています。

情報空間で稼いだものは、情報空間でしか使ってはいけない。そういうルールの下に動く経済システムこそ、自由意思を獲得した人類がこれから構築していくものではないでしょうか。

だから貧富の格差が桁違いになった

そういうシステムをつくるのは簡単ではないでしょうが、不可能ではありません。お金というものを発明して、今日のような複雑な経済システムを構築してきた人類なのですから、必ずや成し遂げます。

しかも、これからの人類は過去の人類とは違って、自由意思によってバージョンアップされた、物理空間から離れて抽象思考のできるＩＱの持ち主です。

だからこそ私は、「早晩、物理空間と情報空間の通貨を使い分ける時代はやってくる」と確信しています。

ちなみに、情報空間の通貨のおもしろいところは、物理空間の経済社会で流通するお金と違って、無限に膨張してOKだという点です。

なぜなら、情報空間は「限界効用逓減の法則」が働かない世界だからです。

限界効用逓減の法則とは、たとえば「ベルトコンベヤーの速度を一から二に上げても、二倍の量の製品を生産できない。摩擦などの影響で一・八倍程度にしかならない。速度を上げるほど、その倍数より少ない生産量になる。あるとき、摩擦が限界に達すると、それ以上どんなに速度を上げても、生産量は増えない」という法則です。

わかりやすく言えば、「一杯目のビールはうまいが、二杯目、三杯目と量が増えるにつれて満足度は減る」というようなことを意味します。

ところが、昨今の情報産業の儲《もう》けぶりを見てください。マイクロソフトの場合はパッケージを売っているのでまだ、物理空間の生産による限界効用逓減の法則が働きますが、グーグルやヤフーなどはすべてネットの世界で、電子コピーでどんどん膨張していく世界。物理空間とはほとんど無縁です。だから、限界効用逓減の法則は、せいぜいサーバやネットワークの運用に関わるぐらいしか働かず、まさに倍々ゲームで付加価値が漸増します。それが現段階では、お金という富に変わるのです。そしてそのお金がレバレッジとなって何倍もの信用として流通しています。そうして世界の経済が膨張しているのが、いまの状況です。

ただ、それは本来は「映画やゲームの世界で大金持ちになった」のと同じようなものです。**情報空間の価値を物理空間の価値に変えられることが、極端な貧富の格差を生む**など、社会に大きな問題を引き起こすわけです。限界効用逓減の法則が働かない情報空間で、どんどん拡大していく付加価値を、限界効用逓減の法則が働く物理空間における付加価値と交換するということは、社会的に危険なことなのです。

過去には、ファイナンスの世界における信用が一人歩きして経済を膨張させて問題をおこしました。日本のバブル崩壊はまさにその危険性を露呈したものです。ただ、金融商品の場合、その信用の拡張はもとの実際の金銭価値の線形な増大に過ぎません。せいぜい何倍〜何十倍という程度の世界です（日銀の準備預金制度における準備率は〇・一%〜一・三%ですから、それでも大変な信用の創造ですが）。ところが、情報空間の付加価値は、インターネットの世界に代表されるように、指数級数的に爆発的に増大します。これが、物理空間の価値の購入に利用されるということは、桁違いの格差を生み出すことになります。

まさにホリエモンが、テレビやラジオなどの労働集約型の企業を、情報空間で肥大した時価総額を利用して買収しようとしていたことがこれに当たります。それ以上に怖いのは、肥大した情報空間の付加価値による経済のバブルがはじけた時でしょう。グーグルやヤフーだって、その物理空間における本来の意味の純資産は、使い古した何万台か何十万台かのパソコン（LINUXマシン）ぐらいしかないのですから。

私たちが本来やるべきことは、「情報空間の付加価値」は、「情報空間の付加価値」しか買えないというルールを、「情報空間の通貨は情報空間でしか使えない」というルールをつくることです。

そうなれば、経済は一変します。物理空間用の通貨と情報空間用の通貨、双方の通貨には兌換性をなくします。情報空間の通貨は情報空間のなかで〝物々交換〟ができるだけ。物理空間に富として持ち込んで、弱肉強食の論理で侵食していくおそれはなくなります。逆に情報空間の通貨には自己資本比率の足かせをはめる必要はありません。いくら増大してはじけても、被害は情報空間に留まるのですから。

いろいろ言いましたが、一番のポイントは、「餓死したくない」と記述されているDNAを「もう餓死はしないんだよ」と書き換えてあげることです。簡単にできそうでしょ？

◉強い思いが生物を進化させた

「魚は自らの意志で『足を持ちたい』と願ったから、足がはえて、陸に上がれた」

進化の原理はここにある、強い意志が生物の進化を促したのだと、私は信じています。なにしろ計算上は、宇宙が誕生してからの一三六億年ぐらいの時間では、生物の器官はおろか、タンパク高分子でさえ、ランダムな組み合わせで生み出されるのは、無理というのは明らか。生物は強い意志で自らのＤＮＡを書き換えてきたからこそ、高度な生物へと急速な進化を遂げることができたと思うのです。

進化というものは、自由意思による進化と、「同じ環境のなかで、より優れた個体が生き残りました」というダーウィンが確立した自然淘汰《とうた》による最適化がワンセットで起きたと捉えていいのではないでしょうか。

もっとも、魚の段階ですでに自由意思を獲得していたという言い方は語弊があるでしょう。結果としてそうなるような情報処理が、個体レベルでは利己的な競争原理のなかで、魚の情報宇宙で働いていたということでしょう。「俺はゲーデルの不完全性定理を超えたぜ。さぁ、陸に上がろう」と思ったわけではないでしょう。ただ、物理抽象度における自然淘汰の競争よりもひとつ抽象度の高いところでの何らかの情報宇宙での出来事が魚を陸に上げたと考えることができるのです。

そして、人類は幾世代もかけて進化した末についに、**自らの意志で進化できる**ほどの高度な脳と心を持つに至りました。自ら遺伝子書き換えができるようになる日もそう遠くはないでしょう。

もともと遺伝子は情報状態なのだから書き換え可能だし、人類は太古の昔から強い情報的意志を持って遺伝子を書き換えてきたのです。気が遠くなるほど長い時間がかかったけれど、まさに自由意思で遺伝子までをも書き換えられるようになったいま、極めて短時間で一足飛びに新しい種に進化することも不可能ではありません。

ただ、これが本書の一番重要なテーマですが、これが、動物というレベルの進化で起きてきたような、個体対個体の「利己的な」自然淘汰の戦いに勝つための自らの遺伝子書き換えとなるようでは大変まずいことになると言うことです。そうなると、先の限界効用逓減の法則が働かない情報宇宙での覇者が遺伝子という情報宇宙までをも支配するような究極的な格差が引き起こされるでしょう。○・○○○○○○一パーセントの覇者と奴隷のみで成り立つ地球が生まれます。そうではなく、それぞれの個人が抽象度を上げることにより、人類という種、そしてできれば地球生命という生物全体を自らとするような臨場感あふれた視点を持ったうえで、「自由意思」で人類を進化させないことには、人類は滅亡するか、そうでなければ、地球は奴隷の惑星となるわけです。もちろん、本来は「自由意思」というからには、物理宇宙レベルの煩悩から頭を突き出して因果を考えられる思考を持っているはずですから、人類が皆、本当に「自由意思」を持つことができれば、地球という星が、宇宙でも比類のない、自由で幸福な惑星になるはずです。

いまこそ、私たちは自らに自由意思を得る下地があることを認識し、「社会に洗脳された自我」を「自由意思を持った自我」に書き換え、思い通りの自分になるべきなのです。

エピローグ　二億年後の未来へ

「任意のシステムSにおいて、そのランダム性を証明不可能なランダム数Gが存在する」というチャイティンとゲーデルの証明が明らかにしたのは、物理宇宙から情報宇宙まで連続的に広がる宇宙のあらゆる刹那あらゆる場所で、今風に言えばユビキュィタスに、昔風に言えば一念三千に、「不完全性定理」が成り立つということです。

たとえば生命システムもひとつの系ですから「任意のシステムS」のひとつです。完全な系はどこにもないということは、生命システムにもあてはまります。当然、神のシステムがあったとしても不完全であるということです。

完全である、とはその系に正しくない命題が存在しない、さらにその系に証明不可能な命題が存在しないということだとは、四章で説明した通りです。つまり、物理宇宙も、情報空間も、生命システムも、神の世界も、必ず正しくない命題（矛盾）が包含され、また、そこにあるすべての正しい命題を導くことができないということです。つまり**宇宙は始まった時も現在も、つねに不完全**なのです。

完全なる宇宙では始まりにすべてが決まっている。そして、その初期値と連続する因果の当然の帰結として現在の個々の我々の思考や行動がある、と考えるニュートン力学的な意味での因果律による古典的な「神の支配」は存在しない。このことが一九八〇年代に証明されていたわけです。

チャイティンと同じ頃、同様な主張を論理学で展開した哲学者パトリック・グリムによる「グリムの定理」というものがあります。彼の主張「すべての真理を知る無矛盾な神は存在し得ない」は、まさにゲーデルの不完全性定理そのものです。一九三一年のゲーデルの最初の証明から現在まで、不完全性定理の証明が現代化されてくるにつれ、我々はより深くそのインパクトを理解できるようになってきました。

存在は抽象から物理へ流れる

ところで、生命システムを含む宇宙のあらゆるシステムで確認されているひとつの傾向に、「エントロピーの増大」があります。物質状態や情報状態がどんどん均一的なランダム状態に向けて崩れていくことを、熱力学の用語を利用して「エントロピーの増大」と呼ぶことはよく知られていると思います。まさにランダム性がどんどん増大していくことがエントロピーの増大です。一方、宇宙は隅々までもともとランダムなものであることがチャイティンとゲーデルの証明でわかったわけですが、これはどう解釈すればいいのでしょうか？

私は「時間は未来から過去に流れる」とする時間に関する哲学は、「存在は抽象から物理に流れる」とする存在に関する哲学と一致すると考えています。つまり、もともと未来はきわめて抽象度の高い空間で、それが未来から現在そして過去へと流れるなかで抽象度の低いほう、つまり物理状態へ流れていっているということです。我々がバカな選択をしない限りは**二億年後の人類（とはもう呼ばない種に進化していると思いますが）は、きわめて高い抽象空間に生きているはず**です。そして、二億年前の我々は、抽象度のほとんどない生物、たとえば三葉虫だったわけです。

太陽系は約二億年で銀河系を一周します。我々は一周ごとに進化の階段を上がりどんどん抽象度を上げてきたということです。さらに二周、三周する頃には我々の抽象度はどこまで上がっていることでしょう。

ここでエントロピー増大の法則を考えてみます。抽象度という視点をいれないと、エントロピーは宇宙の始まりが一番小さく、そこからどんどん増大して二億年先の未来は現在よりもさらに増大している。つまり、二億年後の未来は現在よりもさらにランダムな宇宙であるという結論となります。

しかし、私はそうは見ていません。

チャイティンの証明にあるように、宇宙はつねにランダム性、つまりエントロピー最大の状態をあらゆる場所に偏在的、つまりユビキュィタスに内在しています。これは宇宙の始まりも現在も二億年後の未来も変わりません。エントロピーが極大なのは一番抽象度の低い空間、つまり物理空間であり、抽象度が上がるにつれて、エントロピーは下がっていきます。そしてエントロピーが極小なのが「空」の世界ということになります。

一方、物理空間には、たとえば太陽系という構造、ビルという構築物、生命システムという系など、エントロピーが極大とはほど遠い存在があります。これらの存在がエントロピーを増大させていないのは、天体を認識する我々の認知があったり、ビルを構築しそれを認識する我々の認知があったり、生命システムを内省的に認識できる我々の認知があったりするからです。つまり物理空間は、それを認識する我々の認知があって初めてランダム状態からエントロピーが小さい存在になるのです。

認知とは、今生きている我々が縁起として維持しているダイナミックなホメオスタシス状態のひとつの現れです。**内部表現の存在がエントロピーをダイナミックに制御している、**と言ってもいいでしょう。

低い抽象度でランダムに見えることも、高い抽象度では整合的なパターンとして見えてくる

これはカオスの概念を利用して説明するとわかりやすいかもしれません。カオスとは、一見ランダムに見える状態のなかに、実はなんらかのパターンが存在している状態です。

カオス状態が生まれるのは、ある状態が次の状態を生み出し、その状態が別な状態を生み出しといった因果律の長い連鎖があるときです。それぞれの因果律はつねに不確定性が伴いますから（誤差といってもいいです）、きわめて微少な不確定性であっても、因果の鎖がきわめて長いとランダム状態になっていくのです。出来事Aが起きる確率が〇・九％で、その後出来事Bが起きる確率も〇・九％で……と因果律が続いていけば、Aから導き出される確率は〇・八一、〇・七二九、〇・六五六一……と、どんどんゼロに近づいていきます。バタフライ効果というものですが、これがまさにカオスです。

ただ、カオスを分析してみると、一見ランダムに見える状態に、なんらかの周期性が見いだされることがあります。たとえば、自然界ではその周期性に（$\sqrt{5}-1$）/2、いわゆる黄金数Ψ（フィボナッチ数列の隣り合う数の比率の極限値）が見いだされたり、ファイゲンバウム数δが見いだされたりします。これはランダムに見える物理状態に数学的な抽象

化を行ったから、これらのパターンが見いだされたわけです。エントロピーが極大化した物理空間におけるランダム状態も、抽象化を一段行えばエントロピーの小さい構造がそこから浮かび上がってくるということです。量子力学における不確定性原理ですら実はカオス状態で、なんらかの抽象化に成功すれば量子は特定の周期パターンで不確定に見えるように動いているという可能性さえ、超ひも理論以降の物理学で示唆されているぐらいです。

自然界で黄金数やファイゲンバウム数がカオスのなかに潜んでいる理由は、おそらくなんらかの物理空間での安定性が量子レベルでの相互作用によってこの状態に安定しやすい、もしくはこの状態で一番安定しづらい、といった理由からだろうと推測されます。

これは生命現象でも同様です。実際、DNAの二重らせん構造などでも同様なカオスにおける規則性が見いだされてきています。生命の進化も、過去のダーウィン的な意味での自然淘汰の論理では単純に「純粋にランダムな突然変異の繰り返し」と見られてきましたが、その一見ランダムな空間には抽象化されたカオスとしてのパターン性が存在していたのではないか、ということが超数学の発展でわかってきました。

それでは、この「抽象化されたパターン」はどこからやってきたと考えるべきでしょうか？

実は私は未来からやってきたと考えています。

タイムマシンに乗って未来からDNAがやってきたということではなく、時間は未来から現在、過去に流れているのだから、より抽象化されエントロピーが極小である未来から抽象度の低い物理空間に、この「抽象化されたパターン」は時間とともに流れてきたと考えているのです。つまり**エントロピーは極小から極大に**流れる、**抽象度は高から低に**流れる、そして、**時間は未来から過去に**流れるということです。

系という論理で見ると、ひとつ抽象度の低い系ではランダムに見えることが、ひとつ抽象度が高い系からは整合的なパターンとして見えるということです。人類にはこのひとつ下の系からひとつ上の系に上がる能力が備わっています。これがゲシュタルト能力であり、IQの本質です。

ゲーデルの不完全性定理でわかったことは、我々はもともと自由であるということです。ただ、その自由はランダム性としての自由です。それが我々みずから選択した自由であるためには、系の抽象度の階段をひとつ上がる必要があります。そうすると下の系からはランダムに見えることが、上の系では整合的な因果になるというわけです。

となると逆に、第三者にひとつ上の整合的な因果を仕掛けられている可能性も出てきます。自由な選択をしているつもりが仕掛けられていた、というわけです。だからこそ、誰よりも抽象度を上げられて、初めて本質的に自由になれるのです。

人類は動物的本能の抽象度から理性の抽象度へとこれまで進化してきました。いまも我々は理性的な判断をそれなりに下して生きているつもりでいます。

ただ、実際の社会においては、この理性的判断の前提となる系の各命題の真偽値は、限りなくその系の支配者に与えられたものである可能性が高いのも事実です。我々が理性的な判断をしていればいるほど、その選択は不自由な選択であり、第三者に支配された状態を維持している可能性もあるのです。

戦争はそういった理性的な選択の結果と言えます。日々我々が経済活動に追われているのも、まさにそういった理性的な選択の結果でしょう。資本主義という理性的選択すらも疑ってかかるべき時代になっているのです。


ここで示唆していることは、低い抽象度での脳幹レベルの動物の本能的選択に身を委ねなさいということではなく、自分が存在する社会的空間の抽象度よりもひとつ高い抽象度へ上がってほしいということです。何年かに一度でいいので、理性を超越する抽象度まで上がってほしいのです。アインシュタインが相対性理論を発見し、ゲーデルが不完全性定理を発見し、モーツァルトやピカソが芸術空間を臨場感を持って見いだした、そういう抽象度です。

それが「自由意思」の抽象度です。

釈迦が縁起を悟った抽象度であり、イエスが神との契約の理性を超越した抽象度です。内部表現の内側の内側にある内部表現の外側の世界であり、宇宙のエントロピー空間の外側の整合性を見いだす抽象度です。

釈迦でもイエスでもない私たちにそんなことが可能なのかと問われれば、私は「もちろん」と答えます。生物はそうやって自由意思を持ってカオスの物理空間からひとつ上の抽象空間に進化してきたのです。だからこそフィボナッチ数列が生物の構造に見いだされるのです。我々のいる宇宙とはそういうところなのです。

「システムS」の外へ！

ところで、量子力学以降、ゲーデルの証明以降、物理宇宙は情報宇宙と連続的に存在しているというのが論理的結論であると書きました。これは未来、現在、過去が時間軸を持って連続的に存在しているのと同じように連続的であるということを表します。特定の時間軸の座標を選べば特定の時間を選べるのと同様、特定の抽象度を選べば特定の抽象度の宇宙を選ぶことはできますが、現在という刹那瞬には未来も過去もすべて縁起として入っています。同様に現在の宇宙には全抽象度の宇宙が縁起として入っています。すべての時空、すべての抽象度が現在のこの刹那瞬に入っている、これを「一念三千」と言います。

そして、私たち一人ひとりはまさにそれぞれの縁起の中心にいるのです。

人間一人ひとりの認知のない宇宙は存在し得ません。いや、物理宇宙は人がいなくてもあり得るという人がいるとしても、情報宇宙なら確かにその通りと納得してくれるでしょう。物理宇宙は情報宇宙のひとつの抽象度にしか過ぎません。

ですから当然の帰結として、**一人ひとりの一瞬の価値と全宇宙の価値はまったく同じ**ということが言えます。人間の価値に順位はないということです。

ところが人間にはなぜか順番をつけたがる人たちがいます。おそらく脳幹レベルの欲望、つまり権力とか支配欲といったことと深く関わっているのでしょう。自分たちが特別で、誰よりも世界のことをわかっている、だから知能の低いその他の人間たちに勝手に行動させると危なくてしょうがないという「善意」の賜物かもしれません。

これまでそういった人たちがいろいろな「システムS」をつくってきました。その典型が神を頂点とした人間の順番づけを行う古典的な宗教でしょう。テレビなどでよく見かけますが、人間に順位をつける古典的な宗教論理でありながら霊的ステージやカルマなどといった言葉でそれらしくなく見せているところも、実は同じ類です。

ひとつ明らかにしておきたいのは、すべての宗教教義は人間の創造物だということです。西洋の近代化において重要な役割を果たしてきたキリスト教でさえ、その教義は何度も繰り返された枢機卿ら「人間」の会議で決められてきたものです。仏教の経典も「人間」の産物です。本来、イエスや釈迦は人間に順位をつける思想を徹底的に排除したはずなのに、いつのまにかそういった思想がいろいろな宗教宗派で見られます。

これは、こういった宗教の教義が「人間」によって書かれてきたからです。そういった論理では、そのシステムSの支配者である人間に近ければ近いほど順位が高く、遠ければ遠いほど順位が下がります。それどころか支配者が支配できないもので民衆の好意を引く可能性のあるものは、魔物扱いをされ排除されてきました。


こういった歴史は現在でも続いています。そして事実上の宗教戦争が世界各地で起きています。どうも我々の脳幹レベルの本能的欲求のどこかに戦争のような破壊行為、つまりエントロピーを増大させる物理抽象度の法則に従いたがる欲求が隠されているようです。しかもそれは、システムSの支配者になればなるほど発揮されるという危険な傾向があるようです。

そろそろ人類は、理性的世界であるシステムSがもともと矛盾を孕《はら》んだものであることをしっかりと理解し、その矛盾の解決が脳幹レベルから忍び込んでくるエントロピー増大の破壊欲求によるものではなく、理性を超越する自由意思によって行えることに気がつかなければなりません。

どんなに完璧に見えるシステム、それが、自由主義、民主主義、資本主義といった当たり前のように社会に受け入れられたシステムSであっても、人口の大半が信じている宗教システムSであっても、支配者側がどんなにそのシステムが完璧であると喧伝しても、そのシステムSには矛盾が内包されているということを認識すべきです。そして、そのシステムによる人間の順位づけには、本質的に何の意味もないということを肝に銘じてほしいと思います。

やるべきことは簡単です。
システムSの論理の系の外側に出ればいいのです。
そのための方法を本福音書では詳細に解説したつもりです。
それこそがみなさん一人ひとりを自由にし、人類を滅亡から救い、何と言っても二億年後に私たちの子孫が銀河系を一周してこの場に戻ってきたときにもこの地球が存在し、現代の私たちには想像できないような抽象度の高い宇宙で人類の子孫が繁栄していることを保証するのです。

そしてその涅槃《ねはん》とも言える幸せな人類の未来の結果が明日のみなさんであり、いまこの本を読んでいるあなた自身なのです。

（特別付録）

「福音」は実践のなかにある

◉トライ&エラー

お陰さまで本書は「自分を変えるための具体的な方法がよくわかる」ということで私の著書の中でも特に好評でした。

しかし、「では、なりたい自分になることができましたか?」と聞くと、芳しい返事はなかなか返ってきません。多くの人が本書の中で紹介したワークをやっていないのです。読むだけで終わらせてしまう人があまりにも多いということです。当然のことながら、自分を変えるためのワークは読むものではなく、できるようになるまで何度もやり続けるものです。

ですから、この『特別付録』で私は改めて確認したいと思います。第三章、第四章に書かれたワークを実践してみようと思ったでしょうか? と。もしも、まだ、その気になっていないのであれば、いますぐやってみようと思ってください。

また、本書を読んでいる途中で、一、二度やってみたがうまくできなかったという人もたぶんいるでしょう。そういう方も諦めずに、何度もトライしてみてください。必ずできるようになります。

あるいは、やってみたけれど、モーダルチャンネルを変えるとか、抽象度を上げるというのがよくわからなかったという人もいるかもしれません。

しかし、それでもかまいませんから、何度もやってください。

「いや、そんなことを言ってもわからないものはわからない」「できないものはできない」と思うかもしれませんが、それでもいいからやってほしいのです。

なぜ、こんな無茶なことを言うのかといえば、本書の記述を読んで、「これはこういうことを言っているのかな？」と想像を巡らせながら、トライ&エラーを繰り返すことがそのままワークになるからです。

◉人は簡単に変わる

なぜ、トライ&エラーがワークになるのか、その理由を説明しましょう。

本書の最初で「自我」の話をしたことを覚えているでしょうか？「自我なんてない」という、あのくだりです。自我とは情報であり、物理的実体がないもの。その証拠として挙げたのが「自分自身を定義してみる」ことでした。

あなたは何者か？ そう他人に聞かれたとき、きっと自分の名前や職業、学歴、趣味、性格といったものを挙げるでしょう。しかし、それらはすべて「他者との関係」であって自分自身ではない、と解説しました。自我を自分で作り上げるのは不可能で、他者との関係によって初めて定義されるものだと書いたはずです。もしも、忘れてしまっているのなら、もう一度本書の第一章を見直してみてください。「自我」とは他者との関係性であり、情報であると書いてあります。

ということは、トライ&エラーを繰り返すことで情報は何度も書き直されることになり、それがそのままあなた自身を書き換えていることになるのです。

「えっ⁉　そんな単純なことで書き換わるの？」

いまそう思った人は多いでしょう。そうです。そんな簡単なことで情報は書き換わるのです。情報が書き換わるということは、自分自身が書き換わっているということにもつながります。

いままた、

「えっ⁉　自分ってそんな簡単に書き換わるの？」

と思った人もいるのではないでしょうか？

そうです。そんな簡単なことで自分自身も書き換わってしまうのです。

「だけど、そんなに簡単ならば誰も自分を変えたいとか、なりたい自分になりたいなんて思わないはずじゃないのか？　そもそも私がこれほど悩む必要もないじゃないか！」

三度思った人もいるでしょう。

しかし、人は簡単に変わるのです。そして、だからこそ、なかなか変わらないのです。

◉人は簡単に変わるからこそ、なかなか変わらない

これは一見矛盾しているように感じますが、同じことを別の角度から語っているだけです。人は簡単に変わります。ですから、なりたい自分になりたいと思えばすぐに変わります。しかし、なりたい自分に変わった瞬間、またすぐに元の自分にも変わります。この場合は〝戻る〟、といったほうが日本語としては正しいでしょうが。

多くの人が「なりたい自分になれない」のは、あまりにも人は変わりやすいためです。たとえ、なりたい自分に変わったとしても、すぐに元の自分に戻ってしまうために結果的に変われないだけなのです。

ですから、私たちは変われないわけではありません。逆に変わりやすいから、変われないのです。

◉変わるのが嫌いな私たち

では、なぜ、簡単に元に戻ってしまうのでしょうか？

それについてはすでに第一章で説明しています。私たちにはホメオスタシス＝恒常性維持機能があるためです。これは読んで字のごとく、常の状態を維持するためのものです。哺乳類でいえば発汗作用などがその代表で、外気温が暑くなれば汗をかいて、体温の上昇を抑えます。動物全般でいえば、自然治癒力も恒常性維持機能といっていいでしょう。ケガをしたら白血球が侵入した細菌を攻撃し、赤血球が血管を塞いで出血を止める。こういった作用によって身体の常態を維持するわけです。恒常性維持機能がなければ、生物は生きてはいけません。

この恒常性維持機能ですが、人間の場合はほかの動物よりも大脳が進化したため、肉体だけではなく、思考にも機能するのです。

例えば、スポーツの苦手な子どもがたまたまサッカーの試合に出され、たまたま蹴った球がゴールに入ってしまいました。この時、この子はどんな気持ちになるでしょうか？点を取ったことは当然嬉しいでしょう。しかし、「意外に自分はサッカーがうまいんだ。才能があるかもしれない」とはなかなか思えないのです。なぜなら〝いつもの自分〟は決してサッカーがうまくないからです。

これまでサッカーでうまくいった記憶を持たないこの子は、「もしかしたら、自分にはサッカーの才能があり、足りないのは経験と体力だけかもしれない」とはなかなか思えず、逆にサッカーがうまいかもしれない自分に居心地の悪さを感じてしまいます。そして、わざと、あるいは無意識にヘタな蹴り方をして〝サッカーがヘタな自分〞に戻ろうとしてしまうのです。

もちろん、「いやいや、それはこの子に自信を持たせてやらない周りの大人が悪い！」そんなふうに思う人もいるでしょう。それはその通りですが、自己肯定に関してはコーチングの話になるのでいまはしません。

もうひとつ、こんな例もあります。

仕事でいつも失敗ばかりしていた新人がここ最近、いくつか契約を成功させてとても勢いに乗っています。言動も自信に溢れるようになってきたのですが、なぜか、あなたは気に入りません。本来なら嬉しいはずなのに、「最近、あいつ、生意気になってきた」と思ってしまいます。

実はこの気持ちの動きも恒常性維持機能の作用です。いつもの状態を維持したい気持ちは人間関係にも働くのです。

あなたにとって新人は少しドジだからこそカワイイのであり、仕事ができるようになってしまうと、その関係性が崩れてしまいます。すると途端にあなたの心は居心地が悪くなってしまって、非常に理不尽な感情なのですが、自信を持つ新人を生意気に感じてしまうのです。

要は、人は自分自身が変わることも、他人が変わることも嫌いなのです。これが第一章でも説明したホメオスタシス・フィードバックです。

◉コンフォートゾーンは諸刃の剣

この居心地の悪さがあなたを変われなくしてしまう元凶です。いつもの居心地のいい環境。慣れ親しんだ、自分の理解の範疇にすべてのものが整っている状態。これを維持したいがために、私たちは変われないのです。

この居心地のいい状態をコンフォートゾーンといいます。

コンフォートゾーンというと、その語感から何か良いもののように感じてしまうかもしれませんが、コンフォートゾーンは決していいことばかりではない、諸刃の剣です。居心地のいい場所にいることで人は心身ともにリラックスできて本来持っている力を解放することが可能になります。しかし、その反面、居心地が良すぎてしまうために、その居心地の良さを維持することが目的となり、新しいモノや変化を嫌うようにもなってしまいます。

しかもコンフォートゾーンの恐ろしいのは、多少居心地が悪くとも、慣れ親しんだことのほうをより重要と判断し、維持しようとしてしまうことです。

その典型がブラック企業に勤める社員です。なぜ、彼らはその会社がブラックだとわかっているのになかなか辞めないのか？　逆に、ブラック企業のいい所を探そうとするのか？　その答えの一端にあるのが、コンフォートゾーンの維持です。口では「イヤだ、イヤだ」と言いながらブラック企業を辞めないのは、「この会社を辞めて生活はどうするの？」といった恐怖心などが働いて、いまの環境を維持するための理由を自分で積極的に探してしまうからです。

あるいは電通のような例もあります。二〇一七年、電通の女性社員が過酷な労働環境が原因で自殺してしまいました。多くの人が「自殺するくらいならば、なぜ辞めないのか？」と疑問に思ったようですが、電通という会社の持つ社会的ステータスや給与の額、その他諸々の条件（＝コンフォートゾーン）を考えると、「これを手放すのは惜しい」、と考えてしまうのは致し方ないでしょう。「もう少し我慢すれば、もう少し辛抱すれば」という思いが「辞めよう」という変化を遠ざけてしまったのではないでしょうか？

また、なぜ、多くの人が何度もダイエットに挑戦しては挫折するのか？「痩せたい、痩せたい」と言いながら、なかなか痩せない人は、太っている自分がすでにコンフォートゾーンとなってしまっているのです。「そうはいってもこの生活は苦痛ではないし、甘いものを食べるのも好きだし」という気持ちが自然に働いて、「ダイエットは明日からでいいか」となってしまうのです。

自分ではイヤだと思っている状況や、できれば変えたいと思っている現状ですら、人はコンフォートゾーンとしてしまいます。それほどまでに人は変化を嫌うのです。

つまり、人はとても変わりやすいがゆえに、すぐには変わらないように「元に戻る」システムが備わっているのです。

◉すぐに元に戻ってしまうシステム

すぐに元に戻ってしまうがゆえに、私たちは変わっても、変われないのですが、本書を読んでいるあなたもそれは同様です。

仮に「この本にはいいことが書いてある。よし、それじゃあ、第三章、第四章にあるワークを試しに一回やってみよう」と思っても、「あれ？　大した変化が出ないじゃん。やめた」となってしまいます。

しかし、これはとてももったいないことなのです。というのも、たった一回のそのワークだけでもすでに大した変化が起きているからです。

具体的に言うと、最初の変化は「この本にはいいことが書いてある」と思ったことです。この気持ちの変化はコンフォートゾーンから出るきっかけになっています。そして、「やってみようとトライしたこと」は気持ちの変化を実行に移しています。これは二つめの変化です。続いて「やってみたけど、思ったようにはいかなかった」というのは、トライの結果であり、やはり変化です。

最後に「変わらないからやめよう」といってやめる。これは、いま指摘した三つの変化が起きたために恒常性維持機能が働いた結果です。これはこれで揺り戻しの変化とも言えるでしょう。

合計四つの変化があなたの中で、すでに起きています。

実は、コンフォートゾーンから抜け出すことができた人にも、この四つめの変化は起きています。揺り戻しによって何度もコンフォートゾーンに引き戻されているのです。それにもかかわらず、変われたのはなぜでしょうか？　なぜ、なりたい自分になることができたのでしょうか？

その答えが、冒頭に話したトライ&エラーを続けることの重要性です。「変わらないじゃん」と思ったとしてもあなたは変わっています。ほんの少しかもしれませんが、変わっていることは確実です。ですから、無意味などとは決して思わず、トライ&エラーを安心して続けてほしいのです。

◉気功によって内部表現を操作する方法

コンフォートゾーンを飛び出すためにトライ&エラーを安心して繰り返してほしい。しかし、それにしたって実感できる効果を早めに期待するのが人間のサガというものでしょう。私もそれは理解していますから、ここでもうひとつだけ、ワークを紹介しておきましょう。

それは気功によって内部表現を自ら操作する方法です。早速やり方を説明したいところなのですが、その前に、なぜ気功なのかを解説する必要があるでしょう。

そもそも内部表現とはなんでしょうか？

本書では次のように解説しています。

「内部表現とは、意識的にせよ、無意識的にせよ、私たちの『脳と心』が認識している空間のすべてを意味する概念です。『内部』という言い方から、脳と心の外側に物理的現実世界があると受け止められがちですが、そんなものはありません。私たちの脳と心に映っている世界なら、それが宇宙の果てであろうと、地球の奥深くであろうと、内部表現なのです。

わかりやすく言うと、私たち一人ひとりが固有の内部表現の住人なのです。具体的には、生身の私たちが生きる現実世界も、映画やテレビ、小説などで描かれたり、夢・空想から生み出されたりする仮想世界も、脳と心が認識すればそれは内部表現。宇宙そのものだということです」

要は、思考のすべてが内部表現だと言っているのですが、ここで多くの人が読み落としてしまう部分が一か所あります。それが傍線部分の「生身の私たちが生きる現実世界も」のところです。

生身の私たちが生きる現実世界とは、あなたの目の前に広がっている世界です。いまあなたが見ているこの本も、目を上げると見える風景（自室で読んでいれば部屋の様子、電車内で読んでいれば乗客の様子など）も含めた、通常私たちが現実と呼んでいる世界も、実は仮想世界なんだと言っています。私たちがそう呼んでいる現実など本当は存在しないということです。「そんなバカな」と思うかもしれませんが、そうなのです。

そして、この事実を意外に多くの人が理解していないため、内部表現の書き換えがうまくいかないのです。

◉生身の私たちが生きる世界

最初に断っておきますが、仮想世界が内部表現であることを頭で理解することは案外簡単です。例えば、電車の中で感動的な小説を読んでいて思わず涙が出てしまった、という経験を誰もが一度くらいはお持ちでしょう。

しかし、普通に考えれば、これはおかしなことなのです。なにしろ、他人の目から見たあなたは、電車に乗って本を読んでいるだけです。涙を流す要素はどこにもありません。であるのに、あなたの涙が止まらないのは、あなたの〝現実世界〟が、電車の中ではなく、小説世界の中＝文字によって構築された〝仮想世界〟に移っているからです。いわゆる〝現実世界〟よりも仮想世界のほうにより臨場感を感じているから、涙が止まらないのです。

これはテレビドラマを見ながら泣いたり、笑ったりするのも同様です。テレビを見ている人は、テレビから発信された情報を受け取ることで感情を動かされています。しかし、第三者が見たテレビの視聴者は、例えば、自宅のリビングでテレビの前にただ座っているだけです。泣いたり笑ったりするなど、本来とてもおかしい、ある種異常なことですらあります。

しかしながら、私たちは、それを少しもおかしいとは感じません。テレビから入ってくる情報に反応することを「当たり前」だとすら思っています。情報に反応することが現実の世界だと本気で思っています。

なぜ、こんな不思議なことになっているのでしょうか？

改めて、私は問います。なんですか？　〝現実の世界〟って？

◉ヴァーチャル・リアリティ

実は私たちにとっての現実の世界とは、仮想世界のことなのです。より正確に言えば、仮想世界と現実世界を比較し、より臨場感を感じるほうを〝リアルな現実〟だと認識するのが私たちなのです。

さきほど、「生身の私たちが生きる現実世界も」含めて仮想世界だと言ったのは、この

〝より臨場感を感じるリアルな現実〟の話をしていたのです。私たちにとっての〝リアルな現実〟とは、現実であるのか、仮想であるのかなどどちらでもよく、より臨場感を感じている世界のほうをリアルな世界と認識するというだけです。

そのわかりやすい例が最近ゲームの世界などで人気のVR（ヴァーチャル・リアリティ）です。

VRではVR専用のグラスを装着してシューティングゲームなどを行うわけですが、ゲームをやっている人にとっては目の前に広がるVR世界こそ、リアルな現実です。そこにはゾンビがいて襲ってきたりします。「いや、プレイヤーだってゲームだってことはわかっているよ」という人もいるでしょう。しかし、プレイヤーの身体反応はどうでしょうか？　ゾンビが襲ってくれば心拍数は上がり、手に汗もかくでしょう。冷静な判断ができなくなって銃のリロード操作も満足にできなくなってしまいます。脳の中では、目の前の世界がリアルな現実だと感じているからそんな状態に陥ってしまうのです。

もうひとつ例を挙げましょう。

真夜中に墓地を一人で歩く時、ほとんどの人が恐怖を感じるでしょう。幽霊なんか見たこともないのに、なんとなく怖いと思ってしまい、場合によっては木の枝がおばけに見えたりもします。これは、あなたが幽霊という情報によって現実世界を変えてしまっているために起きる現象です。もちろん、あなたは幽霊なんていないとわかっているでしょう。しかし、あなたの臨場感は現実の世界に幽霊を出現させてしまっているのです。

私が言っている〝よりリアルな現実〟とはこれのことです。

私たちが〝見ているもの〟とは脳が「いま見ている」と認識したものです。そしてこれが、これまで私たちが言っていた〝現実〟というものの正体なのです。

もっとも、こういった話はすでに私の過去の書籍の中でも何度も書いていますので、もしも興味が湧いたのなら、ほかの書籍も確認してみてください。

ともかく、私がここで言いたいのは、現実世界も仮想世界だということです。ただ、このことを頭で理解するのと実体験を伴って理解するのとは大きな違いがあります。やはり、頭だけの理解ではなかなか臨場感が湧いてこないのです。大切なのは体感を伴った理解であり、納得なのです。

◉体感を伴った納得

私が気功法を勧めるのは、この体感を伴った納得が可能となるためです。

といっても気功にはさまざまな種類があります。気功治療師が使う技のように気を使ってケガや病気を治すこともあれば、ヨーガの瞑想として体内に気を練り上げる人もいます。また、気を練る方法にしても、いくつも流派があり、それぞれ独自のやり方を持っています。一口に気功と言ってもなにをするのかピンとこない人もいるでしょう。

しかし、心配はご無用です。私がこれから紹介しようと思っている気功はまさに気の王道であり、「気と言えばこれでしょ」と誰もが認めるものになります。

それは「気の玉作り」です。よく格闘技マンガやカンフー映画などで「気の玉」を敵にぶつけて倒す技が出てきますが、あの気の玉を作る方法です。

「そんなこと本当にできるの？」

と思うかもしれませんが、気の玉を作ること自体はそれほど難しくありません。それで敵を倒せというと高度な技となってきますが、これから行うワークでは敵を倒す必要などなく、私が皆さんにやってほしいのは、手の先から気の玉を出して、それを膨らませたり、縮ませたり、出したり、引っ込めたりするといった、気の玉の操作です。

また、このワークで作る気の玉はあくまで内部情報の産物です。一言で言ってしまえば、空想ですので、そこは勘違いしないでください。ただし、空想であってもしっかりイメージすることができれば、重さや触感などを感じることができます。さきほども言ったように〝リアルな現実〟は想像上のものです。想像上のものだから、実体がないというのではなく、その逆に想像上のものだからこそ、実体を〝感じる〟ことができるのです。

そして、ここが大事な点ですが、実感できる気の玉が作れるようになるということは、仮想世界を体感できるようになったことを意味します。

では、実感できる気の玉を大きくしたり、小さくしたりできるようになるとはどういうことを意味するでしょうか？　もうわかりましたよね。気の玉を操作できるということは、そのまま内部表現の書き換えが可能になるということに直結しているのです。そうなればしめたものです。

あなたは、「なりたい自分」になることができるのです。

◉気の玉を作る

それでは早速、気の玉作りを始めましょう。

最初は本書でも紹介している逆腹式呼吸から行っていきます。この呼吸法を疎かにしている人が多いのですが、気の玉を作るためには逆腹式呼吸で身体を整えることがとても大切になってきます。

そもそも逆腹式呼吸は、通常とは逆の身体操作をします。息を吸う時にお腹をへこませて、吐く時にお腹を膨らませます。通常とは逆の身体操作を行うのは、より呼吸に意識を向けてほしいからです。

普段、私たちは無意識に呼吸をしています。「あ、やばいやばい。いま息をするのを忘れてた！」という人はいません。二四時間寝ても覚めてもずっと息をし続けています。それほど無自覚な呼吸の動作を意識的に、しかも通常とは違う身体操作で行うことで内部表現を書き換えるきっかけを掴んでほしいのです。

それでは逆腹式呼吸を行いましょう。

①イスに座ってリラックスした状態でゆっくり息を吐きながらお腹を膨らませていきます。吐く息はできるだけ細く長くしてください。

②吸う時は鼻から息を吸って、お腹を引っ込ませるように行います。

③吸い込む空気、吐き出す空気に意識を向けて、鼻腔や横隔膜を感じてください。普段意識することのない鼻腔で空気の出入りを感じたり、横隔膜の動きを意識することがモーダルチャンネルの切り替えにもつながっていきます。

④呼吸をしながら身体を緩めてください。ポイントは息を吐く時です。人間は息を吸う時は自然に身体を緩めますので、吐く時に緩める意識で行うと、身体の力はスーッと抜け

ていきます。

これを五分ほど続けていると自然に快適な気持ちになり、身体もリラックスしてきます。この感覚を覚えておいてください。

身体が一度、その感覚を覚えてしまうと、いつでも一瞬にしてリラックス状態を作ることが可能になります。

続いて気の玉の作り方に入ります。

①最初は両手をこすり合わせて手の平に気を集めます。手の平が温かくなってきたら気が集まってきた証拠です。

こうなったら、どちらか一方の手の平を上にむけ、反対の手の指先から気を放ってください。気を放つ手をゆっくりヒラヒラ動かすと、受けるほうの手の平にわずかな温かみを感じることができるようになってくるはずです。

②これができるようになったら両手を胸の前に持ってきてください。両手の間は一〇センチほど空けて、その空間に気の玉を作ってください。柔らかいゴムボールがここにある

んだとしっかり意識するとなんとなく、フワフワしたものを触っている感触が手の平に感じられるようになります。

このフワフワ感、フカフカ感を自分の意思で強めていくと本当にゴムボールのような柔らかいモノを触っている感覚が突如湧き上がってきます。

もしも、なかなかできないようでしたら、実際にドッジボール大のフカフカしたクッションを両手で触ったり、揉んだりしたあとに、同じワークを繰り返してみるとコツがつかめるようになるかもしれません。

一度ではできなくても二度、三度とトライしていけば必ず感覚は掴めるので疑心暗鬼になることなく続けてみてください。

③気の玉ができるようになったら、今度はその玉を大きくしたり、小さくしたり、手の平の中に消してしまったり、再び出してみたり、玉の操作を行ってください。これを自在に操れるようになると、内部表現の操作がやりやすくなります。

●自己催眠と気の玉と

これが気の玉の作り方です。

ここでひとつだけ注意していただきたいのは、気の玉が手の平の間にあるようにみなしてワークをしてはいけません。気の玉があるがごとく振る舞うのは、それは演技の練習であって、気の玉作りとはまったくの別物です。

気の玉の感触はちゃんとあります。プヨプヨしていると思えば、プヨプヨしている感触が、硬質のイメージをすれば硬い感覚が手の平に伝わってきます。逆に感触が伝わるようにイメージしないと意味がありません。

このワークは、自己催眠の練習だと思ってもらってもかまいません。催眠術師に催眠をかけてもらうと、辛いワサビをいくら食べても辛味を感じません。それは催眠によって脳内情報の書き換えが行われたためですが、これと同じことを自分で自分に行っているのが気の玉作りなのです。

気の玉作りとは演技の練習ではなく、自己催眠の練習だと思うと理解しやすくなるかもしれません。

気の玉作りは基本的に誰でもできるのです。コツさえ掴めば、いつでもどこでも簡単に実行できるようになります。

◉新福音書の意味

さて、いかがでしたでしょうか？

本書は自分を変えるための実践的な書籍です。特別付録で紹介したものも含めてワークを実行すると、あなたは本当に「なりたい自分」に変わることができます。そういった意味で、本書は読むものではなく、実践するためのものと言ってもいいでしょう。

本書のタイトル『ドクター苫米地の新・福音書』の「新福音書」という言葉にも実践の書であるという思いを込めています。ご存知の方も多いかと思いますが、福音書とはキリスト教の聖書からとってきたものです。

聖書の中には四つの福音書、マタイによる福音書、マルコによる福音書、ルカによる福音書、ヨハネによる福音書がありますが、実はこれらの福音書も実践の書なのです。聖書はただ読むだけのものではありません。キリスト教徒、特にカトリック信者にとっては、聖書を読むことが瞑想修行なのです。

フランシスコ・ザビエルで有名なイエズス会では、聖書を読む修行のことを特別に霊的読書といって日々行うことで信仰の強さを培っていきました。霊的読書とは聖書を読みながらイエス・キリスト、聖母マリアの姿を思い浮かべ、まるでその御手に触れているかのような感触を味わいながら聖書を読む修行のことです。別の言葉でいえば、観想といいます。こうすることで、より神に近づくことができるようになるのです。

この霊的読書、なにかに似ていると思いませんか？

そうです。気の玉作りと同じであり、本書で紹介した内部表現の書き換えのワークと同じ系統の技術なのです。

イエズス会といえば、ローマカトリック教会の中でもエリート集団で知られる会派です。その彼らが自らを鍛えるために行っていた修行が、本書で紹介したワークとつながっているのです。

ですから、「こんなことできるわけがない」「本当なのか」などと不安に思わず、何度もやってみてください。トライ&エラーをし続けてください。そうすれば、ある日突然、「あ、できた！」という日が必ず来ます。

それがまさに本書で伝えたかった「福音」なのです。

どうか、実践をお願いします。

［著者プロフィール］

苫米地 英人（とまべち・ひでと）

1959年、東京生まれ。認知科学者（機能脳科学、計算言語学、認知心理学、分析哲学）。計算機科学者（計算機科学、離散数理、人工知能）。カーネギーメロン大学博士（Ph.D.）、同CyLab兼任フェロー、株式会社ドクター苫米地ワークス代表、コグニティブリサーチラボ株式会社CEO、角川春樹事務所顧問、中国南開大学客座教授、苫米地国際食糧支援機構代表理事、米国公益法人 The Better World Foundation日本代表、米国教育機関TPIジャパン日本代表、天台宗ハワイ別院国際部長、公益社団法人自由報道協会 会長。
マサチューセッツ大学を経て上智大学外国語学部英語学科卒業後、三菱地所へ入社。2年間の勤務を経て、フルブライト留学生としてイエール大学大学院に留学、人工知能の父と呼ばれるロジャー・シャンクに学ぶ。同認知科学研究所、同人工知能研究所を経て、コンピュータ科学の分野で世界最高峰と呼ばれるカーネギーメロン大学大学院哲学科計算言語学研究科に転入。全米で4人目、日本人としては初の計算言語学の博士号を取得。帰国後、徳島大学助教授、ジャストシステム基礎研究所所長、同ピッツバーグ研究所取締役、ジャストシステム基礎研究所・ハーバード大学医学部マサチューセッツ総合病院NMRセンター合同プロジェクト日本側代表研究者として、日本初の脳機能研究プロジェクトを立ち上げる。通商産業省情報処理振興審議会専門委員なども歴任。現在は自己啓発の世界的権威、故ルー・タイス氏の顧問メンバーとして、米国認知科学の研究成果を盛り込んだ能力開発プログラム「PX2」「TPIE」などを日本向けにアレンジ。日本における総責任者として普及に努めている。著書に『仮想通貨とフィンテック～世界を変える技術としくみ』（サイゾー）、『「感情」の解剖図鑑：仕事もプライベートも充実させる、心の操り方』、（誠文堂新光社）、『2050年 衝撃の未来予想』（TAC出版）など多数。TOKYO MXで放送中の「バラいろダンディ」（21時～）で木曜レギュラーコメンテーターを務める。

苫米地英人 公式サイト http://www.hidetotomabechi.com/
ドクター苫米地ブログ http://www.tomabechi.jp/
Twitter http://twitter.com/drtomabechi (@DrTomabechi)
PX2については http://bwf.or.jp/
TPIEについては http://tpijapan.co.jp/
携帯公式サイト http://dr-tomabechi.jp/

苫米地英人コレクション5

ドクター苫米地の新・福音書

禁断の自己改造プログラム

2018年11月1日　初版第一刷発行

著　者　苫米地英人
発行者　武村哲司
発行元　株式会社開拓社

〒113-0023 東京都文京区向丘 1-5-2
電話 03-5842-8900（代表）
振替 00160-8-39587
http://www.kaitakusha.co.jp/

印刷・製本　中央精版印刷株式会社

ISBN978-4-7589-7055-6